WALDEMAR FINK

我知道
我终将
面对命运
余光中
译
世界名诗
中英对照
余光中 著

图书在版编目（CIP）数据

我知道我终将面对命运：余光中译世界名诗 / 余光中著. -- 北京：中国经济出版社，2025. 2. --（余光中文学三书）. -- ISBN 978-7-5136-7956-5

Ⅰ. I12

中国国家版本馆 CIP 数据核字第 2024QJ0717 号

本书中文简体字版由九歌出版社经北京时代墨客文化传媒有限公司授权中国经济出版社出版发行。
著作权合同登记图字：图字 01-2025-0098

出版发行 中国经济出版社
印 刷 者 北京鑫益晖印刷有限公司
开　　本 710mm × 1000mm　1/16
印　　张 19.25
字　　数 220 千字
版　　次 2025 年 2 月第 1 版
印　　次 2025 年 2 月第 1 次
定　　价 78.00 元
广告经营许可证 京西工商广字第 8179 号

责任编辑　陶栎宇
责任印制　马小宾
封面设计　棱角视觉
内文设计　今亮后声

中国经济出版社 **网址** www.economyph.com **社址** 北京市东城区安定门外大街 58 号 **邮编** 100011
本版图书如存在印装质量问题，请与本社销售中心联系调换（联系电话：010-57512564）

［英］爱德华 · 罗伯特 · 休斯《她与群星同行的夜晚》

出版说明

余光中先生驰骋文坛逾半个世纪，自称“无一日不读英诗”，自高中起就翻译西方现代诗，所译作品脍炙人口，影响深远。本书从余光中先生《英诗译注》《美国诗选》《济慈名著译述》《土耳其现代诗选》《英美现代诗选》等作品集中多方编选，收录27位世界级诗人的43篇名作，以及作者的5首自译诗，其中多篇作品首次在祖国大陆出版。每篇附有余光中先生撰写的诗人介绍、诗歌的释意与析疑等。这些诗歌既是文学史上的名作，又可以说是一条了解西方诗歌文学发展的脉络，相信会对读者理解和欣赏相关文学知识，产生较为便利的功效。

因译作时间跨越数十年，故本书采取以下编辑原则：

（1）依体例要求，对文章层级进行统一，部分文章的标题和段落有所调整的，加以注释说明。

（2）依目前的出版规范，参考相关资料和工具书，对原文的繁体字、异体字、标点符号进行校订。部分词汇用法如“象”“像”“的”“地”“得”等，按当下出版规范进行调整。作者的行文风格、语言习惯等则尽量予以保留，不按当下首选词用法修改。诗歌部分的标点，依照译者“中译之诗有些未用标点，盖英译如此，故依之”

的说明保留原貌。

(3) 原文译名前后不一致的，参考译者的后期翻译，依出版规范进行调整，并加注释标明原文，如“叶慈”为“叶芝”、“爱蜜丽·狄瑾荪”为“艾米莉·狄金森”、“汤姆士”为“托马斯”、“密尔顿”为“弥尔顿”、“戴德勒斯”为“代达罗斯”、“佛兰克浮特”为“弗兰克福特”、“桑塔耶那”为“桑塔亚那”、“白朗宁”为“勃朗宁”、“马克伯斯”为“麦克白”、“马雅科夫斯基”为“马雅可夫斯基”；“特罗邑”为“特洛伊”、“佛朗德”为“佛兰德斯”、“伊斯坦堡”为“伊斯坦布尔”，等等。

(4) 原文中的年份与人物年龄为阿拉伯数字与汉字并用，现统一用阿拉伯数字表述。

(5) 依目前的出版规范，人物和作品名原文仅有英文的，添加中文翻译。

余光中先生虽已谢世，但其作品不朽。他融合中国古典文学和西方文学，树立了自己的风格，自称是“艺术上的多妻主义者”，诗歌、散文、翻译、评论是其写作的“四度空间”。读者誉其为“乡愁诗人”，其作品常读常新。如今正值中华民族伟大复兴与传统文化发展的良机，我们编辑出版这套余光中作品集，希望为读者提供一套小而全、专而精的余光中作品集。因编者水平有限，编辑工作中的失误与不足，请读者指谬，以助我们改正与进步。

目录

[俄]列宾《多么自由》

我的歌是一种不灭的向往。

我的血沸腾，为火浴灵魂。

蓝墨水中，听，有火的歌声。

扬起，死后更清晰，也更高亢。

——余光中《火浴》

华兹华斯

William Wordsworth

1770—1850

【导读】 唤醒心灵的警觉[1]

华兹华斯（William Wordsworth），1770 年 4 月 7 日生于英国肯伯兰郡的湖区附近，8 岁丧母，13 岁丧父，同胞五人均由看护人抚养。17 岁入剑桥圣约翰学院，毕业后赴法国习法文，曾步行南游意大利，登阿尔卑斯山；又和法国女郎安妮特·华荣恋爱，生有一女，名卡罗琳；当时华氏曾拟和安妮特结婚，但因欧陆不宁而英法交恶，遂作罢论。他本想加入革命的阵营，后因“恐怖时期”来到，乃返英伦，和妹妹陶乐西（Dorothy Wordsworth）同住。1795 年，他得到九百镑的遗产；同年复遇见柯立基（Samuel Taylor Coleridge），两人成为好友，谈起当时英诗的情形，都感觉极需改革，遂于 1798 年合出《抒情歌集》（*Lyrical Ballads*），成为浪漫运动最初的奠基杰作。同年二诗人复同游德国，返英后，即定居湖畔，吟咏以终。1802 年，他和玛丽·赫钦逊结婚。这时他在政治上已转向顽固的保守主义；而弟弟约翰之死和好友柯立基的多病又使他颇感消沉。1820 年后，他的创造力开始衰退。1843 年，诗友沙西（Robert

Southey）亡故，他遂继任桂冠诗人。1850 年 4 月 23 日，华氏以八十高龄逝世。

华兹华斯和柯立基是英国前期浪漫主义的两大诗人。他对于英诗的贡献极为重大。在内容方面，他的诗艺观是“唤醒心灵的警觉，导它注意我们面前这大千世界的可爱和神奇之处……使日常的事物具有新奇的妩媚”。他少时深受卢梭的影响，敬爱自然到了宗教狂热的程度，自称“最卑微的花朵对于我，也能激起 / 常是非泪水所能表达的深思”。在形式方面，他要革除 18 世纪以来所习用的诗的词藻（poetic diction），而代以“日用的语言”（language really used by men）。原来英诗自蒲柏②以降，渐趋浮华织巧，缺乏一种纯朴而深厚的力量。华兹华斯一出，浪漫派那种有血有肉的作品遂代替了 18 世纪的假古典诗而遥遥接承了伊丽莎白③的传统。

华兹华斯的作品真是汗牛充栋，然而精糙互见，颇不整齐。到了安诺德（Matthew Arnold），才算做了一番淘汰的功夫，编出一卷精当的选集。他的声誉自 19 世纪初期以迄今日始终不衰，地位之高，和莎士比亚、弥尔顿相提并论。现代诗人，如艾略特（T. S. Eliot）和戴·路易斯（Cecil Day Lewis）等，都认为他是最伟大的诗人之一。艾略特认为他的伟大一半在于作品本身，一半在于开创风气的历史价值。戴·路易斯认为一个大诗人应该具有三个条件：第一是写过许多能够持久的作品；第二是在文字的运用上应有其创造力，但不必是一个改革者；第三是应该有一套哲学系统。他认为华兹华斯经得起这三种考验，并谓“一切诗人都应该尊重华兹华斯的严肃的态度，及其始终不变的责任感”。

① 选自《英诗译注》，题目为编者所加。

② 蒲柏原译颇普，全名亚历山大·蒲柏（Alexander Pope，1688—1744），英国诗人。——编者注（以下边注若无特别说明，均为编者所加）

③ 伊丽莎白，原译伊莉莎白，这里指英国女王伊丽莎白一世（Elizabeth Ⅰ，1533—1603）。

SHE DWELT AMONG THE UNTRODDEN WAYS

She dwelt among the untrodden ways
Beside the springs of Dove,
A Maid whom there were none to praise
And very few to love:

A violet by a mossy stone
Half hidden from the eye!
Fair as a star, when only one
Is shining in the sky.

She lived unknown, and few could know
When Lucy ceased to be;
But she is in her grave, and, oh,
The difference to me!

【注解】

(1) dwelt=dwelled.

(2) the untrodden ways，the 和 un 应连起来读，成为一个音节，如此第一行才不致超过八个音节。英诗中，两字相邻，其交接之母音往往连读；例如安诺德（Matthew Arnold）的“多佛尔海岸”（Dover Beach）：“and bring/The eternal note of sadness in.”The 和 eternal 的第一个 e 连读，成为一个音节，于是 The eternal note of sadness in 才成为八个音节的“抑扬四步格”。untrodden，trodden 为 tread 之过去分词，un-trodden 为 not trodden 之意。

(3) Dove，小河名，在英国北部湖区寇克斯东（Kirkstone）附近，不是流经德尔比郡

露　西

她住在人迹不至的山内，
　那白鸽泉的岸旁，
一个没有人来加以赞美，
　也很少人爱的姑娘：

青苔石畔的紫萝兰一朵，
　半遮自观者的眼睛！
美得像颗星，像孤星一颗
　在太空之中辉映。

她在人不知，也少人知晓
　露西是何时夭亡；
但她正睡在她的墓中，噢，
　唯有我感到异样！

（Derbyshire）的那条。

（4）第一段末二行为第一行中 She 的同位词；A violet 二行和 Fair as a star 二行应该是指 A maid，当然也是形容 She。

（5）ceased to be，“死亡”的婉说，be 有“存在”之意。Lucy 死得早，故译为“夭亡”。

［英］爱德华·罗伯特·休斯《仲夏夜》

赏析

本诗形式整齐：每段第一、第三两行为“抑扬四步格”（iambic tetrameter），而第二、第四两行为“抑扬三步格”（iambic trimeter），押韵次序为 ABAB。这种配合使用的形式，在英诗中非常普遍；女诗人狄金森（Emily Dickinson）最喜此体。

华兹华斯以露西为对象而写的几首小诗，所谓《露西组诗》（*Lucy Poems*）者，极为驰名。露西是一个女孩的名字；或谓实无其人，或谓是华兹华斯幼时认识的一个短命少女；华兹华斯的知己、大诗人柯立基则猜想其中的一首《安眠封闭了我的灵魂》（*A Slumber Did My Spirit Seal*）是指华兹华斯的妹妹陶乐西；史塔克豪森男爵夫人（Baroness von Stockhausen）还写了一个剧本，用这位神秘的女孩做主角。这一套小诗是 1799 年，华兹华斯和柯立基在德国小住时回忆所得的作品；字里行间充满了撩人的乡愁和忧郁的调子，传诵极广。当时诗人方 29 岁。

华兹华斯是一位歌颂自然的诗人，情诗不是他的特长。像彭斯、拜伦、雪莱、济慈、爱伦·坡诸人那种缠绵悱恻的作品，他是写不出来的。本诗以淡淡的韵味胜，自然、朴素、柔和。露西是一位农家少女，丽质天生，幽居空谷，无人赞美，也无人追逐，直如一朵野花的开落，不知浪费了几许的清香！格瑞（Thomas Gray）所谓：“Full many a flower is born to blush unseen, /And waste its sweetness on the desert air.”正是她的写照。她萎谢了，外面的世界依然如故，只有唯一钟情于她的少年独自悲伤。第二段最好，前二行又比后二行好。

拜伦

George Gordon Byron

1788—1824

【导读】 浪漫运动的大诗人①

拜伦（George Gordon Byron）是英国后期浪漫运动的一大诗人。1788 年 1 月 22 日，他生于伦敦；父亲嗜酒，母亲则好虚荣而神经质。他生而跛足，后曾患小儿麻痹症，日后的浪漫行为半属自卑感的补偿心理。11 岁时，他继承了叔祖的爵位。17 岁入剑桥，已熟读希腊文及拉丁文；18 岁时便出版了一本诗集《懒散的时光》（*Hours of laleness*），受到《爱丁堡评论》（*The Edinburgh Review*）的攻击。两年后，愤怒的拜伦又出版了一首长诗《英格兰的诗人和苏格兰的书评家》（*English Bards and Scotch Reviewers*），不但反攻了《爱丁堡评论》，甚至将华兹华斯、柯立基、沙西和史哥德等老辈诗人都骂了一通。1809 年至 1811 年的三年间，他漫游南欧和土耳其，并曾

① 选自《英诗译注》，题目为编者所加。

游渡海勒斯彭特（Hellespont，今名 Dardanelles）海峡。23 岁归国，入上议院为劳工辩护，并出版长诗《海罗德游记》（*Childe Harold's Pilgrimage*），一夜成名，变为伦敦社交界的天之骄子。未几其夫人安娜蓓拉·密尔班克（Annabella Milbanke）和他分居，又控告他和同父异母的妹妹有乱伦之行。于是拜伦南游意大利，终生不复返国。1816 年，他和雪莱夫妇同住；纵情酒色，情妇之多，不可胜数。但此时也是拜伦创作最富的时期，他写下了《西荣之囚》（*The Prisoner of Chillon*），《曼佛烈德》（*Manfred*）和《马赛巴》（*Mazeppa*），并且开始写他最伟大的史诗《唐璜》（*Don Juan*，此诗虽长一万六千行，但并未完成），诗名已闻于全欧。1821 年和 1823 年，他曾两度参加意大利的革命，但均未成功。1824 年，他赴希腊援助革命的阵营，但不久即患病，1824 年 4 月 19 日死于米索朗吉（Missolonghi）。

拜伦在英国诗坛的地位，到了 20 世纪，似乎一落千丈，远在华兹华斯和济慈之下。艾略特说他的比较通俗的作品只是在取悦当时的社会（Scott，and Byron in his more popular works，were merely society entertainers）。但是一部分诗人和批评家仍旧是他的欣赏者，例如当代英国诗人管诺（Peter Quennell）便是一位研究拜伦的权威，美国批评家克罗能伯格（Louis Kronenberger）曾经为他的长诗作序，法国作家莫洛瓦（Andre Maurois）曾经为他写传。不错，拜伦写得太滥了，可是这种情形华兹华斯也未能避免。在他的较佳的作品，尤其是《唐璜》之中，我们仍能读到很纯正的好诗。

SO, WE'LL GO NO MORE A-ROVING

So, we'll go no more a-roving
　So late into the night,
Though the heart be still as loving,
　And the moon be still as bright.

For the sword outwears its sheath,
　And the soul wears out the breast,
And the heart must pause to breathe,
　And love itself have rest,

Though the night was made for loving,
　And the day returns too soon,
Yet we'll go no more a-roving
　By the light of the moon.

【注解】

（1）We'll= we will。

（2）a-roving=on roving。a 在此处为前置词。

（3）outwear，有二解，一为 wear longer than（比……耐久），一为 wear out（磨损）。此处似应作 wear out 解。

（4）And love itself have rest，itself 和 have 之间省去了一个 must。

（5）the day returns，日夜轮替，故曰白昼归来。

夜别

让我们不要再继续徘徊
　到如此深沉的夜晚，
虽然两颗心仍如此相爱
　而月色仍如此光灿。

宝剑会磨穿了它的长鞘，
　灵魂会磨透了胸膛，
两颗心必须停下来喘息，
　爱情本身也需要休养。

虽然夜晚是最宜于恋爱，
　而白昼归来得匆匆，
让我们不要再继续徘徊，
　在如此明月的光中。

[法]雅姆·蒂索《告别》

赏析

本诗的押韵方式为ABAB，句法似为“抑扬四步格”和“抑扬三步格”的混合使用，并不很工整。1830年，拜伦死后六年，此诗始出版，但其创作日期则为1817年2月28日，当时拜伦才29岁。拜伦写成之后，曾寄回英国给好友爱尔兰诗人穆尔（Thomas Moore），并谓“近日在威尼斯嘉年华会（Carnival）上曾多夜迟睡”，因而作此。

一对恋人在狂欢的嘉年华会之后，仍旧依依难舍，徘徊月下，直至深夜；然而心灵虽犹相爱不倦，但躯体早已不胜疲乏，必须忍痛分手，各自归寝了。第一段和第三段平平，第二段最佳。第二段之中，又以前二行为最妙。灵魂之于躯壳，正如利剑之藏鞘中。灵魂的热情不朽，正如利剑的锋芒不锈；然而躯壳是易朽的，而剑鞘也是易锈的。灵魂的热情是如此的强烈而尖锐，终会磨损了它的躯壳，等于莫邪名剑的锋芒终会磨透了外面的长鞘一般。这真是绝妙的譬喻。

济慈

John Keats

1795—1821

【导读】 美即是真，真即是美[1]

1795 年 10 月 29 日（或谓 31 日），济慈（John Keats）生于伦敦。他的外祖父是马车行的店主；父亲在他十岁时坠马而死，不久母亲改嫁，他便由外祖母抚养，在伦敦郊外的恩菲尔德入学。济慈面容秀雅，身材纤细，但并不如一般人所想象的那么文弱，实际上他在校中还是一个好斗的学生。16 岁时，他从埃德·蒙顿一外科医生习艺，此时他已从友人克拉克处借到了埃德蒙·斯宾塞（Edmund Spenser）的《仙后》（*Fairie Queene*），开始窥探诗的天地。1814 年，济慈去伦敦学医，一日秋夜，和克拉克共读蔡普曼译的《荷马史诗》，深受感动。他虽已取得行业的执照，但从未正式从业。环境的苦闷逼他遁入了古代的梦中，他常去参观大英博物馆，特别是希腊遗

① 选自《英诗译注》，题目为编者所加。

物的部分。21岁时，济慈遇见作家李恒（Leigh Hunt，1784—1859），极受赏识，又因李恒之介，而得交雪莱、柯立基和华兹华斯。经李恒的鼓励，他出版了第一卷《诗集》，一年后，又出版了《恩地米安》（*Endymion*），但不久横遭《布莱克伍德杂志》（*Blackwood's Mgazine*）和《评论季刊》（*The Quarterly Review*）的攻击，文中不但嘲弄他的作品，还涉及他的身世和职业。济慈因此极为消沉，不幸此时他的弟弟乔治赴美，弟弟汤姆以肺病终，自己也染上了此疾，偏偏又单恋上一个叫作芬妮·布朗（Fanny Brawne）的女孩。1819年是他最寂苦的时期，也是他短短六年多的创作史上最丰收的阶段：《圣爱格尼斯之夜》（*The Eve of St. Agnes*）、《灿烂的星》（*Bright Star*）、《无情的美人》（*La Belle Dame Sans Merci*）、五首有名的颂歌（The Five Great Odes）以及《秋颂》（*To Autumn*）等都完成于此时。1820年，济慈的肺病恶化。7月间，他出版了最后的一本诗集，但是读者的欢迎已经挽不回他的命运。9月他南迁意大利，但病情急骤逆转，1821年2月23日死于罗马。

一百多年来，济慈的声誉与日俱增，且如今还在浪漫派诸人之上。20世纪的诗人们，如艾米·洛威尔（Amy Lowell）等，对于他诗中丰富的感觉、精细的画面、奇妙的幻想以及柔美的韵味等，都十分心折。

ON SEEING THE ELGIN MARBLES

My spirit is too weak-mortality
Weighs heavily on me like unwilling sleep,
And each imagined pinnacle and steep
Of godlike hardship, tells me I must die
Like a sick Eagle looking at the sky.
Yet'tis a gentle luxury to weep
That I have not the cloudy winds to keep
Fresh for the opening of the morning's eye.
Such dim-conceived glories of the brain
Bring round the heart an undescribable feud;
So do these wonders a most dizzy pain,
That mingles Grecian grandeur with the rude
Wasting of old time-with a billowy main—
A sun-a shadow of a magnitude.

艾尔金石雕观后

我的心神脆弱不堪；大限
　重压着我，像被迫沉睡不醒，
而每件幻想的峭壁，尖顶，
　神工艰巨，都说我必死不免，
像一只病鹰仰望着苍天。
　但流泪又未免柔弱而纵情，
只为挽不住长风远云，
　见不到清新的曙光睁眼。
脑际想象的光辉，如此恍惚，
　为心头带来难言的惆怅；
像这些奇观也带来眩晕
　之苦，将希腊的壮丽尽付
远古去消磨——付与怒浪，
　付与落日，付与宏大的阴影。

[美]托马斯·科尔《帝国的历程：辉煌》

[美]托马斯·科尔《帝国的历程：荒芜》

赏 析

《艾尔金石雕观后》(*On Seeing the Elgin Marbles*)的主题，是英国驻君士坦丁堡大使艾尔金勋爵，担心土耳其与希腊冲突会损及希腊文物，乃取得土耳其当局许可，将雅典神殿的雕饰运去英国，1816 年由英国政府买下，供大英博物馆展览。济慈在博物馆瞻仰由这些石雕传承的古希腊壮观，不胜神往，乃赋此诗。

前八行写诗人面对古文化的真迹，震撼于其神奇壮丽，对比之下，更自觉此身之病弱渺小，正如一只病鹰仰羡满天风云，却无力飞腾。不过他并不久耽于自怜，遂告诉自己不应溺于自怜之纵情。病鹰望天之叹也不全然是比喻。这些石雕、柱饰的真迹原是采自巍峨的神殿，而神殿更矗立于雅典山顶的卫城。诗人可以设想，此身若在现场瞻仰，不知有多磅礴。末六行把场景由近推远，转实为虚，把想象的光辉带回空羡的惆怅。为什么会有眩晕之苦，是因为济慈既不懂希腊文，又无缘亲访希腊，只能徒羡神殿之高、卫城之峻，而无力高攀。学者认为此诗是对无限与永恒之赞叹，当然也说得通。不过济慈之诗艺出众，往往在于他能以近喻远，以实证虚，而不沦于抽象空论。其实末三行就地取材，可以理解为是回到现场，先写古迹历尽两千多年的沧桑，再写卫城、神殿俯临大海，在“西风残照”之下，廊柱檐角投下了曳长的古建筑阴影。

BRIGHT STAR! WOULD I WERE STEADFAST AS THOU ART

Bright star! would I were steadfast as thou art—
Not in lone splendour hung aloft the night
And watching, with eternal lids apart,
Like nature's patient, sleepless Eremite,
The moving waters at their priestlike task
Of pure ablution round earth's human shores,
Or gazing on the new soft-fallen mask
Of snow upon the mountains and the moors—
No-yet still steadfast, still unchangeable,
Pillowed upon my fair love's ripening breast,
To feel for ever its soft swell and fall,
Awake for ever in a sweet unrest,
Still, still to hear her tender-taken breath,
And so live ever—or else swoon to death.

亮星啊，愿我能

亮星啊，愿我能如你坚定，
　不是孤光高耀在夜空，
永不闭目，像造化的大隐，
　耐心而无眠，看海波流动，
神父一般在主持洗礼，
　要涤清下界人间的海岸；
不是俯望新飘落的面具，
　降雪笼罩着山顶与荒原；
都不是——只求稳定又坚贞，
　能枕着俏情人成熟的胸脯，
永远感受她温柔的起伏，
　在甜蜜的不安中长保清醒，
不断，不断听她轻轻地嘘息，
　就此享永生——不然就晕毙。

E.R. Hughes

赏析

《亮星啊，愿我能》（*Bright star! would I were steadfast as thou art*）也是英国体，学者一向认为是济慈最后的作品，在航向意大利的船上，由他亲笔誊于画家塞文所读的莎翁剧本，亦即《情人诉苦》（*A Lover's Complaint*）对面的空页上。晚近的考证却认为成诗日期应提前到1819年底，置于同一主题同一诗体致芬妮的情急之作《苦求你给我慈悲、怜悯、爱情》（*I cry your mercy, pity, love - ay,love!*）的后面。

ODE ON A GRECIAN URN

1

Thou still unravished bride of quietness,
Thou foster-child of silence and slow time,
Sylvan historian, who canst thus express
A flowery tale more sweetly than our rhyme:
What leaf-fringed legend haunts about thy shape
Of deities or mortals, or of both,
In Tempe or the dales of Arcady?
What men or gods are these? What maidens loth?
What mad pursuit? What struggle to escape?
What pipes and timbrels? What wild ecstasy?

2

Heard melodies are sweet, but those unheard
Are sweeter; therefore, ye soft pipes, play on;
Not to the sensual ear, but, more endeared,
Pipe to the spirit ditties of no tone:
Fair youth, beneath the trees, thou canst not leave
Thy song, nor ever can those trees be bare;
Bold Lover, never, never canst thou kiss,
Though winning near the goal—yet, do not grieve;
She cannot fade, though thou hast not thy bliss,
For ever wilt thou love, and she be fair!

希腊古瓮颂

嫁给娴静的新娘，尚未破身，
　沉默与湮远共育的养女，
山林野史，你讲的逸闻
　多彩多姿，更胜过我的诗句；
花边的传说缭绕你一身，
　说的是神，是人，或兼有神人，
在丹陂或是阿凯迪谷地？
　何来的人或神，不服的村女？
何来的狂追？何来的逃拒？
　何来的笛与鼓？何来的欢腾？

乐曲而可闻虽美，但不闻
　却更美；所以柔笛莫住口，
不是对肉耳，而更加动人，
　是无声之调对心神吹奏：
树下的美少年，你的歌声
　不会停，而树也永不枯萎；
莽情人，你永远，永远吻不成，
　眼看要得手——你且莫悲：
纵你无缘，她也难抽身，
　你的情不休，她的美不褪！

3

Ah, happy, happy boughs! that cannot shed
  Your leaves, nor ever bid the Spring adieu;
And, happy melodist, unwearied,
  For ever piping songs for ever new;
More happy love! more happy, happy love!
  For ever warm and still to be enjoyed,
For ever panting, and for ever young—
  All breathing human passion far above,
That leaves a heart high-sorrowful and cloyed,
  A burning forehead, and a parching tongue.

4

Who are these coming to the sacrifice?
  To what green altar, O mysterious priest,
Lead'st thou that heifer lowing at the skies,
  And all her silken flanks with garlands dressed?
What little town by river or sea shore,
  Or mountain-built with peaceful citadel,
Is emptied of this folk, this pious morn?
  And, little town, thy streets for evermore
Will silent be; and not a soul to tell
  Why thou art desolate, can e'er return.

啊，幸福，幸福的花枝，永不
　落叶，永不对春天说再会；
幸福的乐师，不觉得辛苦，
　不老的乐曲不停在吹；
更幸福，更加幸福的爱情，
　永远热烈，永远有指望，
永远在苦盼，永远不怕老；
　超脱了人间的六欲七情，
不害此心厌烦又哀伤，
　不害额头发烧，舌头发燥。

来此祭祀的又是何人？
　神秘的祭司，这青春祭坛，
你牵来的母犊仰天哀呻，
　光滑的两胁都戴着花环。
何来小镇在河畔或海边，
　或依山而建，安宁的城寨，
在拜神的早上，居民全出门？
　小镇啊，你的街巷将永远
寂静，而为何你如此凄冷，
　能说明的人，谁也回不来。

5

O Attic shape! Fair attitude! with brede
  Of marble men and maidens overwrought,
With forest branches and the trodden weed;
  Thou, silent form, dost tease us out of thought
As doth eternity: Cold Pastoral!
  When old age shall this generation waste,
Thou shalt remain, in midst of other woe
  Than ours, a friend to man, to whom thou say’st,
“Beauty is truth, truth beauty,”—that is all
  Ye know on earth, and all ye need to know.

希腊的典型啊，优美的神态！
  大理石精雕细琢的男女，
有茂林繁枝，草地任踩；
  你的静态逗得人苦思竭虑，
如永恒逗人。冷面的牧歌！
  当老迈将我们这一代耗损，
你仍会流传，去面对来世
  新的烦恼，与人为友，且说
“美者真，真者美”——此即尔等
  在人世所共知，所应共知。

赏析

1819年四五月间，还未满24岁的济慈诗兴潮涌，一口气写了五首颂歌，后之论者称之为“五大颂歌”（The Five Great Odes），并且认为济慈之为大诗人，一半赖此。也有不少学者认为，稍后完成的《秋颂》（*To Autumn*）无懈可击，足与五大颂歌并列。其中《希腊古瓮颂》与《夜莺颂》（*Ode to a Nightingale*）最享盛名，评论甚多，译者也不少。《希腊古瓮颂》的主题，该是艺术之完美与永恒，生命之忧烦与短暂，其间形成的矛盾。艺术虽美，未必能一劳永逸，解除生命之苦。艺术诚高，却高不可攀，而且冷不可即。希腊古瓮终究只是“冷面的牧歌”，可解一时之忧，为美之直觉而浑然忘忧而已。年轻的济慈为肺病所苦，此病在19世纪初乃不治之症，他身为药剂科的学生，当然清楚自己将不久人世。他向往爱情而不可得，渴求缪斯而诗名不起，因此更向美之永恒寻求寄托。

这首诗歌咏的古瓮，评论家无法确认究竟是哪一件雕品，只能说其印象是几件石雕或陶品综合而成。其实瓮上的景物有两个画面：前三段描写的是婚礼，第四段所见却是祭祀的行列。母犊仰天哀呻或云是艾尔金石雕上所见；整段的祭神场面或云是见于洛汉（Claude Lorraine）的画作。济慈应该也只是把不同的形象加以重组，自己也未必全然了解画面的用意，所以一直在问无言的古瓮，第一段竟问了七次，第四段也问了两次。

TO HOMER

Standing aloof in giant ignorance,
Of thee I hear and of the Cyclades,
As one who sits ashore and longs perchance
To visit dolphin-coral in deep seas.
So wast thou blind!—but then the veil was rent,
For Jove uncurtained Heaven to let thee live,
And Neptune made for thee a spumy tent,
And Pan made sing for thee his forest-hive;
Ay, on the shores of darkness there is light,
And precipices show untrodden green;
There is a budding morrow in midnight;
There is a triple sight in blindness keen;
Such seeing hadst thou, as it once befell
To Dian, Queen of Earth, and Heaven, and Hell.

致荷马

困于浑然的无知而孤立，
　只听说有你和连环群岛，
就像岸上人或许有意
　探深海海豚的珊瑚红礁。
原来你是盲人！唯视障已开，
　宙父掀帷幕让你住天廷，
海神的波篷为你而盖，
　牧神教群蜂为你共吟；
哎，黑暗的边缘总有光线，
　悬崖之上有未践的草地，
子夜总怀着待绽的曙天，
　敏锐的盲人有三重视力；
这种灵视就属你，正如往古，
　戴安娜君临人间、天国、地府。

INGRES PINC

赏析

《致荷马》用的是英国体（亦即莎士比亚体）十四行，我也完全追随其韵序与段式，并以末二行双押。“连环群岛”的原文是“the Cyclades”，如仅译其音，恐得动用五个汉字，甚至七个（基克拉泽斯群岛），倒不如径译其希腊文原义。这一群岛在希腊东岸外海组成一圈，据说荷马出生于其中一岛。济慈的主题是强调天才目盲而心开阔，所以天神宙父（Jove）为之掀天幕，海神尼普顿（Neptune）为之撑波篷，而牧神潘（Pan）为之辟森林。三界都任其自由出入，岂不等于戴安娜（Dian，即Diana），既是月神，又是猎人之保护神，又是左右潮汐的赫卡忒（Hecate）了。末二行把前文十二行作一总结，十分庄严。

[法] 让·奥古斯特·多米尼克·安格尔《荷马礼赞》

丁尼生

Alfred Tennyson

1809—1892

【导读】 大诗人的三个条件[①]

丁尼生（Alfred Tennyson）1809 年 8 月 6 日生于英国林肯郡，同胞十二位中，排行第四。幼时慧敏过人，8 岁便以“无韵体”吟诗，10 岁能拟蒲柏，12 岁能论弥尔顿之长诗。18 岁时，他和弟弟查理（Charles Tennyson）合出《伯仲诗集》（*Poems by Two Brothers*），同年复入剑桥三一学院 [Trinity College，Cambridge，剑桥最大学院，诗人赫伯特（Herbert）、萨克令（Suckling）、马维尔（Marvell）、德莱顿（Dryden）、拜伦（Byron）均系该院出身] 攻读，和哈兰（Arthur Henry Hallam）及费慈吉罗（Edward Fitzgerald）是同学。21 岁时，他又出版诗集《抒情诗集》（*Poems, Chiefly Lyrical*）；23 岁，复出诗集《诗歌》（*Poems*），竟遭曾经嘲弄过济慈的《评论季刊》（*Quarterly*

① 选自《英诗译注》，题目为编者所加。

Review）所攻击。

丁尼生和哈兰同学既久，遂成莫逆之交，剑桥毕业之后，又曾一度相约从军，其后哈兰复与丁尼生妹妹订婚。不幸三年后，哈兰竟以廿三青年夭亡。丁尼生不胜悲恸，从此归隐故里，埋头写成了他那三千余行的巨著《悼念集》（*In Memoriam*）。后来这首杰作和弥尔顿吊金艾华（Edward King）的《黎西达斯》（*Lycidas*），雪莱吊济慈的《阿童尼》（*Adonais*），以及安诺德吊克劳（Arthur Hugh Clough）的《瑟西斯》（*Thyrsis*）并称为英国文学史上四大挽诗。

以后的十年，丁尼生遁世而居，曾游北部湖区，但不愿谒见华兹华斯；售去先人旧庐，以款投资，又告失败。1842年，他的两卷诗集《诗歌》（*Poems*）问世，遂一举成名。华兹华斯誉他为“当代第一位诗人”，皮尔爵士赠他二百镑的年俸。1850年，41岁的丁尼生和与其订婚已达十四年之久的爱密丽·薛尔伍德小姐结婚；同年华兹华斯逝世，维多利亚女皇复命他继任为桂冠诗人。自此丁尼生保持英国诗坛的王座，以迄于死，成为19世纪后半最享盛名的诗人。维多利亚女皇常召他入宫自诵其诗；当时的首相格莱斯东（Gladstone）复邀他同游挪威与丹麦。75岁那年，格莱斯东封丁尼生为爵士（Lord Tennyson）。1892年10月6日，丁尼生方读莎士比亚剧本《辛贝林》（*Cymbeline*），忽而逝世，时年八十有四。

丁尼生身后的声名迭有起落。19世纪末和20世纪初的批评家对他深表不满，认为他的诗矫揉造作，过分求工，诗中反映的只是维多利亚时期（Victorian Age，1837—1901）肤浅的道德标准、盲目的偶像崇拜、狭隘的爱国精神、自满的乐观主

[美]约翰·詹姆斯·奥杜邦《白头鹰》

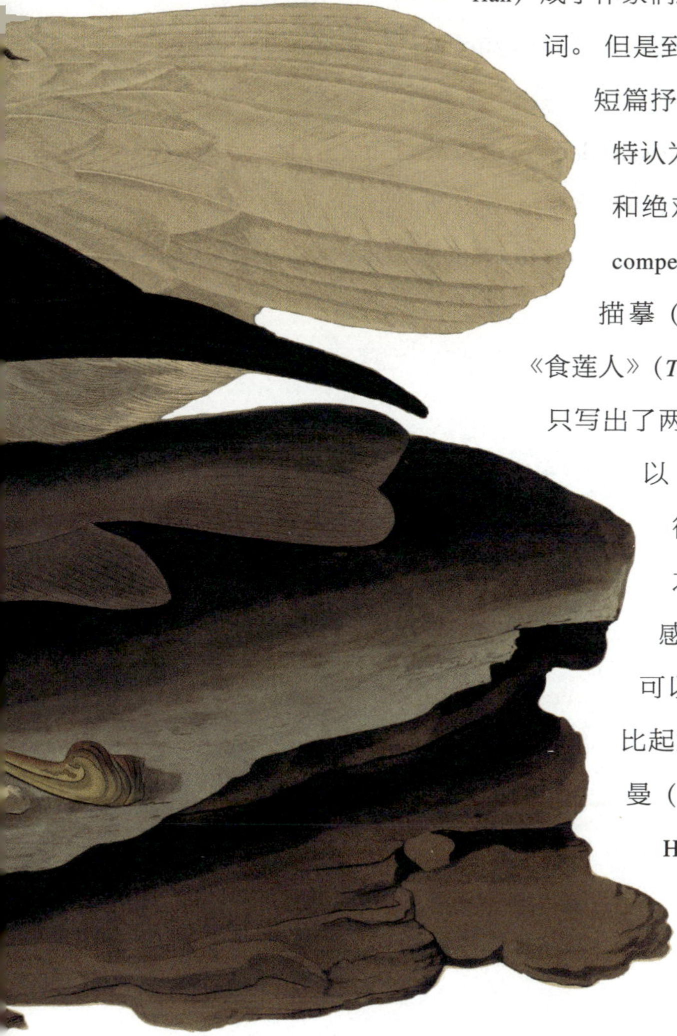

义，成为当时正统文化的发言人。数十年来，维多利亚时代（Victorian）成了作家们最不屑道的，一个代表庸俗和落伍的形容词。但是到了近日，批评家们又回过头来，称赞他短篇抒情诗中韵律的技巧和美妙的意象。艾略特认为他具有大诗人的三个条件：丰富、变化、和绝对的胜任（abundance，variety and complete competence）；却惜他巧于抒情（lyrical）和描摹（descriptive）而拙于叙事（narrative），故《食莲人》（*The Lotos-Eaters*）和《尤利西斯》（*Ulysses*）只写出了两种心情。至于个别的作品，艾略特认为以《悼念集》（*In Memoriam*）为最伟大，《莫德》（*Maud*）和《公主》（*The Princess*）次之。《悼念集》信仰肤浅，但怀疑深刻，感情真挚而蕴蓄，形式贴切而不流于单调，可以视为用抒情小诗写成的一部内心日记，比起詹姆斯·汤姆森（James Thomson）、豪斯曼（A. E. Housman）和托马斯·哈顿（Thomas Hardy）同类的作品来是伟大多了；《莫德》以韵律变化万千见称，而《公主》以其中所插短诗感人。

丁尼生创作极富，自少年以迄晚境，创作力始终不衰。所遗全集，约三万行，诗集除上述八种外，尚有《洛克斯利大厅》（*Locksley Hall*）、《国王叙事诗》（*Idylls of the King*）、《伊诺克·阿登》（*Enoch Arden*）等，诗剧有《贝克特》（*Becket*）等。

THE EAGLE

He clasps the crags with crooked hands:
    Close to the sun in lonely lands,
Ringed with the azure world, he stands.

The wrinkled sea beneath him crawls;
    He watches from his mountain walls,
And like a thunderbolt he falls.

【注解】

(1) crooked，为二音节，读如（krooked），e要发音，这样第一行才有八个音节，成为“抑扬四步格”。

(2) close（Klos），形容词，close to 作“接近”解。

(3) wrinkled，此处e不发音，“面有皱纹”之意。

(4) crawls，爬行（如蛇）；海涛汹涌，而自峰壁下窥，但觉波浪如爬，极言苍鹰立足之高；以视唐人之“连山若波涛，奔走似朝东”，宋人之“微风万顷靴纹细”，亦何多让哉！

鹰

它用弯手抓紧在岩际：
　傍着落日，在漠漠的荒地，
背负着长空一碧，它危立。

苍皱的大海在它的脚下爬。
　它从峰壁上悄然俯察。
像一闪霹雳它蓦地冲下。

赏析

全诗用三行体（triplet）一气呵成，魄力雄劲，为丁尼生最短的杰作，恐怕也是英诗中咏鹰的最佳作品了。全篇六个韵末均用 s，实为奇韵，而连用七个 K 音（clasps，crags，crooked，close，wrinkled，crawls），kl 和 kr 之声在在暗示着鹰之雄劲、山之峭拔、石之狰狞，效果极佳。论者会谓，英诗音韵之佳，无出丁尼生之右者，观此诗果然。前五行虽写静态，而蓄势待发，风雨欲来，气吞九垓；末行一落千丈，由静入动，万古佳句，令人想起了“白鸥没浩荡，万里谁能驯”。此诗之出版，在 1851 年，当时丁尼生正 42 岁，已经做了一年的桂冠诗人。壮年之作，气象不凡，最有趣的是：丁尼生本人面容沉鸷，鼻长而曲，颇有鹰貌（aquiline）也。

THE MILLER'S DAUGHTER

It is the miller's daughter,
  And she is grown so dear, so dear,
That I would be the jewel
  That trembles at her ear:
For hid in ringlets day and night,
  I'd touch her neck so warm and white.

And I would be the girdle
  About her dainty dainty waist,
And her heart would beat against me,
  In sorrow and in rest:
And I should know if it beat right,
  I'd clasp it round so close and tight.

And I would be the necklace,
  And all day long to fall and rise
Upon her balmy bosom,
  With her laughter or her sighs,
And I would lie so light, so light,
  I scarce would be unclasp'd at night.

【注解】

（1）ringlet=curl，鬈发。

（2）两个 I'd 都是 I would 的省写，为了减去一个音节，所以如此。

（3）scarce = scarcely。

（4）末段末行，I scarce would be unclasp'd at night，有的版本（如牛津大学版的 Poems of Tennyson）would 作 should。还是 wouid 比较好，should 略带道德判断，嫌俗。

磨坊主人的女儿

这是那磨坊主人的女儿，
　她已经长得如此地可爱，
但愿我能够变一颗宝石，
　在她的耳畔颤颤地摇摆：
我愿意日夜在发卷里躲藏，
　抚摸她温暖而洁白的颈项。

但愿我能够变一条罗带，
　围绕着她纤纤的细腰，
无论在忧伤或是在安息，
　她的心都会顶着我怦跳：
我要紧紧地将它拥抱，
　看它是不是跳得正好。

但愿我能够变一个项圈，
　躺在她那芳香的胸脯，
随着她的笑声和叹息，
　整天在上面频频起伏，
我要轻轻，轻轻地躺着，
　轻得她夜里不将我解掉。

赏析

这首绝妙的情诗原是长诗《磨坊主人的女儿》(*The Miller's Daughter*)中两首短歌之一，1833 年初版，当时丁尼生才 24 岁。《磨坊主人的女儿》长二十九段，二百四十六行；由一个地主的孤儿在老年时追述他当日如何在池边独坐垂钓，初睹水中磨坊主人的女儿艾丽丝（Alice）的倒影，后来常常怅望她窗中的烛光，终于在无人处向她求婚；又说他如何带她回家，见他的母亲，终于获准结婚，婚后琴瑟和谐，直

[法]威廉·阿道夫·布格罗《休息(躺着的女孩)》

到老年。本诗便是结婚那天,青年向艾丽丝所唱的情歌。据说当年维多利亚女皇读到《磨坊主人的女儿》,十分感动而欣慰,遂命丁尼生为她第三任的桂冠诗人。

本诗想象贴切,文字浅显,甚易欣赏。第二段设想变成情人的腰带,可与华勒(Edmund Waller)的《系在腰带上》(*On a Girdle*)参照并读。如论空灵飘逸,也许还稍逊海立克(Robert Herrick)的《致伊莱克特拉》(*To Electra*)。我国陶潜的《闲情赋》设想化为情人的衣领、腰带、发泽、眉黛、莞席、丝履、画影、夜烛、竹扇和桐琴等;其腰带一段云:"愿在裳而为带,束窈窕之纤身,嗟温凉之异气,或脱故而服新。"和丁尼生的这首颇为相似,但是比丁尼生早一千四百多年。

注意每段后二行所押六韵完全相同。英诗中,i 的长音押韵最为柔和悦耳。爱伦·坡(Edger Allan Poe)的杰作《尤娜路姆》(*Ulalume*)第五、第七两段便是反复押 i 长音的韵。本诗韵律极佳,然而到底是丁尼生早期的作品,技巧犹未进入化境。如容我佛头着粪,吹毛求疵,则我愿指出:第一段最佳,第二段第三行破格,读来拖沓累赘,末段末行的 unclasp'd(读如 unklaspt)的第二音节 clasp'd,读来又嫌过于局促,即使省去了最后的 t 音,也仍感不顺。

雪莱

Percy Bysshe Shelley

1792—1822

【导读】 浪漫派第二代的健者[1]

雪莱的先人是英国南部苏塞克斯郡的贵族，却无书香气息。他的祖父毕希（Bysshe Shelley）先后娶了两个富家女，成为霍山的首富。他的父亲也娶了郡里的名门闺秀，捐得了从男爵位。雪莱是长子，也是爵位的继承人。他的父亲对他并不严峻，反而处处尽量迁就，有时近于纵容。他的母亲据说仪容华贵，为人宽厚，写的信颇有文理，但是对他的影响不大。显然，雪莱的家庭虽然提供他当时最好的教育（伊顿与牛津）和一生经济的支持，可是对他之为诗人却无多大关系。

雪莱天真纯情，又耽于理想，昧于世故，有心无意之间，往往误己误人，一生充满悲剧。在生活上，先是因言论不经被牛津大学开除，继而因行为不轨被摈于英国的社会；前妻

① 节选自《龚自珍与雪莱》，题目为编者所加。

溺死河中，少女芬妮为他自杀；前妻所出的两个孩子，法院因为他是无神论者，判他不得抚养，而后妻所出的长子长女不出一年相继夭亡。在文坛上，他一生默默无闻，读者寥寥，知音渺渺，只有像亨特（Leigh Hunt，1784—1859）这样的批评家给他鼓励。周围的朋友真能欣赏他天才的屈指可数，而且多为女性。济慈对他的诗也不尽满意，曾在信中劝他“收敛起高贵的情怀，尽量做一个艺术家，而且把你诗题的‘每一处石隙都填满’金砂”。雪莱末年与拜伦交往最密。当时拜伦早已名满天下，特里劳尼问他为何不在诗中为雪莱美言几句，拜伦却说誉之无益，“只要他把自己惑人的玄学之壳蜕去，又何须他人来吹嘘”，始终不肯在笔下赞他一句。

雪莱之志在做诗人，却不汲汲于早扬浮名。他和唯美的济慈不同：他写诗，是为了把自己革命的思想播于天下，去唤醒世人。所以他要西风把他吹成一座竖风琴，又要向云雀学习唱歌，让举世仰听。

批评家对雪莱的评价，百多年来一直有分歧，毁誉之间有天壤之别：在19世纪，爱伦·坡、梅尔维尔、斯温伯恩、汤普森（Francis Thompson）等都推崇他；而反对派中却大半是不写诗的作家，例如哈兹里特、卡莱尔、金斯利、马克·吐温。当时对他的不满，主要是认为题材不当；至于对他的人品，则由初时的憎恶后来渐渐转为敬重，甚至爱惜。早期的论者视之为恶魔，后期的论者奉之为天使。到19世纪末，广大的读者莫不尊他为伟大的抒情诗人。

这当然不是文坛的定论。早在1881年，阿诺德就说：“雪莱其人实际上不很清醒，雪莱其诗也是如此……无论在写诗还是处世上，他都是一个美丽而无用的天使，徒然在虚空里扑动耀眼的双翼。”新人文主义兴起后，雪莱的声誉便一直下降。

雪莱虽屡受苛评，但他的成就并未全被抹杀。至今论者仍然承认《普罗米修斯之被释》为一杰作，《倩绮》（*Cenci*）为出色的诗剧，《阿多尼斯》为英国有数的挽诗，《西风歌》等短篇为抒情诗的名作，而长文《诗辩》则仍为英国文学批评的重要文献。雪莱在20世纪之所以跌得重，是因为他在19世纪的地位太高了。

ENGLAND IN 1819

An old, mad, blind, despised, and dying king,—
  Princes, the dregs of their dull race, who flow
Through public scorn,—mud from a muddy spring;
  Rulers, who neither see, nor feel, nor know,
But leech-like to their fainting country cling,
  Till they drop (blind in blood) without a blow,—
A people starved and stabbed in the untilled field,—
  An army, which liberticide and prey
Makes as a two-edged sword to all who wield,—
  Golden and sanguine laws Which tempt and slay;
Religion Christless, Godless, a book sealed;
  A Senate,—Time's worst statute unrepealed,—
Are graves, from which a glorious Phantom may
  Burst, illumine our tempestuous day.

[英] 威廉·比奇《英王乔治三世像》
(1760—1820 年在位)

英伦：一八一九年

又狂又盲，众所鄙视的垂死老王——
　王子王孙，愚蠢世系的剩渣残滓，
在国人腾笑下流过——污源的浊浆；
　当朝当政，都无视，无情，更无知，
像水蛭一般吸牢在衰世的身上，
　终会蒙蒙然带血落下，无须鞭笞；
百姓在荒地废田上被饿死，杀死——
　摧残自由，且强掳横掠的军队
已沦为一把双刃剑，任挥者是谁；
　法律则拜金而嗜血，诱民以死罪；
宗教无基督也无神——闭上了圣经；
　更有上议院——不废千古的恶律——
从这些墓里，终会有光辉的巨灵
　一跃而出，来照明这满天风雨。

【注解】

（1）垂死老王指乔治三世。

（2）千古的恶律指对于天主教徒权利之压制。

（3）巨灵指革命。

［英］约瑟夫·马洛德·威廉·特纳《太阳在雾中升起》

爱伦·坡

Edgar Allan Poe

1809—1849

【导读】 诗人中的鬼才①

1809年1月19日，爱伦·坡（Edgar Allan Poe）生于美国波士顿。原籍爱尔兰的父亲大卫·坡（David Poe）和母亲伊丽莎白·阿诺德（Elizabeth Arnold）皆系伶人，爱伦·坡诞生时，他们正在波士顿巡回演出。不到一年，大卫·坡神秘地失踪了；两年后，伊丽莎白去世，留下了两岁的孤儿。爱伦·坡穷蹇的一生遂如此神秘地展开。爱伦·坡在诗中写道：“自童年起，我一直都异于/其他的孩子……”当时弗吉尼亚州里士蒙城的苏格兰富贾约翰·爱伦（John Allan）夫妇，久婚不育，遂收他为养子，且给他以爱伦的“中名”（Middle Name，按爱伦·坡原名Edgar Poe）。孩时（6岁至11岁）的爱伦·坡曾去伦敦和苏格兰上学，后来又返美，入弗吉尼亚大学。在

① 节选自《美国诗选》，题目为编者所加。

大学里，他的成绩甚佳，但因嗜酒欠债，旋即辍学回家。失意之余，他的未婚妻莎拉·爱尔蜜拉（Sarah Elmira）同他毁约，改嫁别人，他和养父争吵后，离家出走，去南卡罗来纳州投效陆军，升至军士长，并于1827年出版处女诗集《帖木儿大帝及其他作品》（*Tamerlane and Other Poems*）。这时爱伦·坡正是18岁；他回到家里，和父亲言归于好，并拜访他的姨母克莱姆夫人（Naria Clemm）和5岁的表妹维琴妮亚。22岁那年，养父送他去西点军校上学，半年后，他因不服从长官的命令而被开除。从此养父不再认他为子，而这时，疼爱他的爱伦太太也去世了。于是赤贫的青年诗人便去纽约做校对工人，并且开始努力写作。为了生活，并投合杂志的需要，他先后写过诗、短篇故事、幽默小品、书评、论文、笔迹分析学，和（剽窃别人的）介壳学等。1835年，他以《瓶中手稿》（*MS Found in a Bottle*）一篇故事获得50元的奖金，出了一次小小的风头。但是他的一生，只是一场偶尔点缀着小胜利的大失败：穷、病、酒、幻觉、失意，始终是他无法克服的敌人，《瓶中手稿》之得奖，只不过是小胜利之一而已。1837年，28岁的爱伦·坡和15岁的表妹维琴妮亚结了婚，但此时小新娘已经有了肺病。婚后的10年中，爱伦·坡不断地被各杂志社聘为编辑，又照例不断地被解聘。他往往一连失踪数日，最后神志昏迷得被人送回家来。后来他潦倒得必须向朋友借钱，同时还出动岳母帮他去乞援；遂迁往纽约郊外的一个小镇福尔顿姆。他曾经穷得没有钱买邮票寄稿，或是买不起火柴。维琴妮亚病重时，爱伦·坡的破军装被用来做毯子，一只玳瑁色的猫睡在她的胸口，聊以取暖。1847年，维琴妮亚死于肺病。

这时爱伦·坡已经37岁，梦想中的赫赫盛名仍杳无消息。他显然患了神经衰弱症，而且忧郁得近乎疯狂。他同几个女子谈柏拉图式的恋爱，而且求她们给他以母亲式的看护。他和45岁的寡妇莎拉·海伦·惠特曼（Sarah Helen Whitman，与诗人惠特曼无关）订婚，但同时又写热烈的情书给一位里士蒙太太。他曾企图自杀，但因胃部不能忍受过量的毒药而免于一死。最后他在巴尔的摩失踪，1849年10月3日，人们在一家旅舍中（一说在阴沟中）发现了憔悴得无复人形的他，四日后，他死于巴尔的摩医院之中。

是的，爱伦·坡的肉体是死的，寄居在他躯内的灵魂不是一盏金黄色的灯，而是一团惨绿色的磷火。美国批评家克勒奇（Joseph Wood Krutch）曾倡爱伦·坡有阳痿症之说，诗人泰特（Allen Tate）也似乎表示相信。此事确否，虽不得而知，但其可能性是甚大的。我们知道，爱伦·坡无子，他嗜酒，且患着神经衰弱症。霭理斯（Havelock Ellis）分阳痿为心理的与神经衰弱的两种；如果克勒奇之说不幸属实，则爱伦·坡可能属于后者。无怪他是一位变态心理的分析者与现实的逃避者。在气质上，美国19世纪的三位最富创造力的诗人之中，惠特曼是一个平民，狄金森是一个隐士，而爱伦·坡则是一个贵族；惠特曼属于人，狄金森属于神，而爱伦·坡属于鬼。对于这样的一位“鬼才”，我们可以用他自己的一行诗来描写他：

梦着梦，任何凡人都不敢梦见的梦。

［法］雅克-路易·大卫《帕里斯和海伦之爱》

TO HELEN

Helen, thy beauty is to me
Like those Nicean barks of yore,
That gently, o'er a perfumed sea,
The weary, way-worn wanderer bore
To his own native shore

On desperate seas long wont to roam,
Thy hyacinth hair, thy classic face,
The Naiad airs have brought me home
To the glory that was Greece,
And the grandeur that was Rome.

Lo! In yon brilliant window-niche
How statue-like I see thee stand,
The agate lamp within thy hand!
Ah, Psyche, from the regions which
Are Holy-Land!

给海伦

海伦，你的美貌对于我，
　像古代奈西亚的那些帆船，
在芬芳的海上悠然浮过，
　把劳困而倦游的浪子载还，
回到他故国的港湾。

惯于在惊险的海上流浪，
　你风信子的柔发，古典的面孔，
你女神的风姿已招我回乡，
　回到昨日希腊的光荣，
和往昔罗马的盛况。

看！那明亮的窗龛中间，
　我见你像一座神像站立，
玛瑙的亮灯擎在你手里，
　哦！赛琪　你所来自的地点
原是那遥远的圣地！

[英]弗里德里克·桑迪斯《特洛伊的海伦》

赏析

本诗恐怕是爱伦·坡最好的作品之一；第二段末二行诗是英诗中最常被引用的句子之一。首段第四行，四个 W 的“头韵”译文无法表达，歉甚。奈西亚（Nicean）为小亚细亚西北海岸之古城。“芬芳的海”应该是指爱琴海。赛琪（Psyche），代称胆怯善惊的灵魂，系爱伦·坡捏造以便押韵的字。海伦自然是指希腊神话中的私奔皇后。但一说此处系指爱伦·坡同学之母海伦·史坦纳太太。但就诗言诗，仍以指古典美人海伦为是。

THE RAVEN

Once upon a midnight dreary, while I pondered, weak and weary.
Over many a quint and curious volume of forgotten lore.
While I nodded, nearly napping, suddenly there came a tapping,
As of some one rapping, rapping at my chamber door.
“Tis some visitor,” I muttered,“tapping at my chamber door—
Only this, and nothing more.”

Ah, distinctly I remember it was in the bleak December,
And each separate dying ember wrought its ghost upon the floor.
Eagerly I wished the morrow;—vainly I had tried to borrow
From my books surcease of sorrow—sorrow for the lost Lenore—
For the rare and radiant maiden whom the angels name Lenore—
Nameless here for evermore

大　鸦

在一个凄清的午夜里，当我沉思着，困顿而疲惫，
沉思许多卷光怪而离奇的，被人遗忘的学问。
当我垂着头，几乎要睡着，忽然传来了一声轻敲，
恍若有人在低低地叩着，叩着我卧室的房门。
“那是一位来宾，”我喃喃说着，“在轻敲我的房门——
仅此而已，更别无他人。”

啊，清晰地我记起，这正是荒凉的十二月里，
而每一星的残烬将熄，向地上投其鬼影落冷。
热切地我期待着曙光；徒劳地我一直在希望
借古典来结束我的忧伤——忧伤，为了逝去的丽诺，
为了那绝代的光彩的女孩，天使们称她为丽诺——
但此名在此地永远埋没。

And the silken sad uncertain rustling of each purple curtain
Thrilled me—filled me with fantastic terrors never felt before;
So that now, to still the beating of my heart, I stood repeating
"Tis some visitor entreating entrance at my chamber door—
Some late visitor entreating entrance at my chamber door;
This it is and nothing more."

Presently my soul grew stronger; hesitating then no longer,
" Sir, " said I, "or Madam, truly your forgiveness I implore;
But the fact is I was napping, and so gently you came rapping,
And so faintly you came tapping, tapping at my chamber door,
That I scarce was sure I heard you"—here I opened wide the door;
Darkness there, and nothing more.

Deep into that darkness peering,

但是丝丝阴森而无定的窸窣，发自
每块紫色的窗幕，
刺激我——充溢我，以从未感受过的
怪异的震惊；
所以此刻，为了镇静心跳，我伫立，
再度地吟着，
“那是一位来宾在乞请着，乞进入
我卧室的房门——
有一位深夜的来宾在乞请着，乞进
入我的房门——
仅此而已，更别无他人。”

不久我的灵魂竟变得坚强，于是我
不再感到彷徨。
“先生，”我说，“或是夫人，真
的我请求你的原宥；
事实上是，我刚才正在打盹，你又
如此悄然来叩门，
你又如此轻声地敲门，敲叩着我卧
室的门口，
因此我几乎不相信我听见。”——于
是我敞开了门口——
黑暗而已，什么也没有。

深深地向那片黑暗窥探，

long I stood there wondering, fearing
Doubting, dreaming dreams no
mortal ever dared to dream before;
But the silence was unbroken, and
the darkness gave no token,
And the only word there spoken was
the whispered word, “Lenore!”
This I whispered, and an echo
murmured back the word, “Lenore!”
Merely this, and nothing more.

Then into the chamber turning, all
my soul within me burning,
Soon I heard again a tapping
somewhat louder than before.
“Surely, ” said I,“surely that is
something at my window lattice;
Let me see, then, what thereat is, and
this mystery explore—
Let my heart be still a moment and
this mystery explore;
Tis the wind, and nothing more! ”

Open here I flung the shutter, when,
with many a flirt and flutter.

良久我立着，心疑而胆战，
忧惑着，梦着梦，任何凡人都不敢
梦见的梦我做着；
可是那无声在继续延长，而寂静也
没有泄漏征象，
仅有一个名字在震响，那窃语着的
名字，“丽诺！”
我窃语着，而一个回声喃喃地荡回来，
“丽诺！”
仅此而已，再没有什么。

重新转身走进了房里，我整个灵魂
在躯内燃起，
不久我再度听到那叩响，略重于刚
才的一声剥啄。
“一定，”我说，“那一定是什么
在叩我的窗棂；
那么让我一窥，究竟是什么，而且
将这个秘密探索——
让我的心灵镇静片刻，而且将这个
秘密探索——
那仅是风声，再没有什么。”

霍地我排开了百叶窗，忽然，以阵
阵的拍翅与扑响，

In there stepped a stately raven of the saintly days of yore;
Not the least obeisance made he; not an instant stopped or stayed he;
But, with mien of lord or lady, perched above my chamber door—
Perched upon a bust of Pallas just above my chamber door—
Perched, and sat, and nothing more.

Then this ebony bird beguiling my sad fancy into smiling,
By the grave and stern decorum of the countenance it wore,
"Though thy crest be shorn and shaven, thou," I said,"art sure no craven,
Ghastly grim and ancient raven wandering from the Nightly shore—
Tell me what thy lordly name is on the Night's Plutonian shore! "
Quoth the raven,"Nevermore. "

Much I marveled this ungainly fowl to hear discourse so plainly,
Though its answer little meaning-little

一只庄严的大鸦踱进房来，那来自
神圣的古代的大鸦。
它丝毫都不肯向我鞠躬，也不肯止
步或驻足一分钟，
但是以贵族或贵妇的面容，在我房
门的上端栖下——
在巴拉斯的半身像顶，正当我房门
的上端，栖下——
栖止而坐定，更无其他。

于是，这乌黑的怪鸟将我忧伤的幻
想逗得发笑，
以它那满面装腔作势的礼貌，矜持
而且庄严。
“虽然你修过也削过冠毛，”我说，
“你绝非一只懦弱、
精灵、狰狞、古代的鸦鸟，流浪自
黑夜的岸边——
告诉我你那威严的名字，在夜之冥
域的岸边。”
可是那大鸦说，“不，永远，永远。”

我甚为惊讶，这笨拙的怪禽，竟能
够听得如此地分明，
虽然它[1]的回答没有任何意义，也

①它，原译为他。原译文中它、他并存，统一为它。

relevancy hore;
For we cannot help agreeing that no
sublunary being
Ever yet was blessed with seeing bird above
his chamber door—
Bird or beast upon the sculptured bust
above I us chamber door,
With such mime as "Nevermore."

But the raven, sitting lonely on the placid
bust, spoke only
That one word, as if his soul in that ill~
word he did outpour.
Nothing farther then he uttered-not a
feather then he fluttered—
Till I scarcely more than muttered,"Other
friends have flown before—
On the morrow he will leave me, as my
hopes have flown before."
Quoth the raven,"Nevermore. "

Startled at the stillness broken by reply so
aptly spoken,
"Doubtless," said I,"what it utters is its only
stock and store,

没有任何关系；
因我们的意见不能不相符：即迄今
尚未有活着的人物
有此幸运，竟能够目睹，有飞鸟栖
于他房门的上端——
目睹飞鸟或猛兽栖于半身的雕像，
在房门的上端——
以如此的名字："不，永远，永远。"

但是那大鸦，孤零零坐着，在静穆
的像顶，仅仅说着
那一句话，恍若它已将它的灵魂向
那句话里灌溉。
于是它不再进一步发声，也不曾扑
动羽毛一根，
直到我简直低得像沉吟，"别的朋
友都曾经飞开，
明日黎明他也会离去，像我往昔的
希望飞开。"
那怪鸟说道，"永远不再。"

惊异于沉静的打断，被如此巧置的
答案。
"无疑地，"我说，"它所说的是
它仅有的题材，

Caught from some unhappy master
whom unmerciful Disaster
Followed fast and followed fastel-so,
when Hope he would adjure,
Stern Despair returned, instead of
the sweet Hope he dared adjure—
That sad answer, 'Nevermore!'"

But the raven still beguiling all my
sad soul into smiling,
Straight I wheeled a cushioned seat
in front of bird, and bust, and door;
Then upon the velvet sinking, I
betook myself to linking
Fancy unto fancy, thinking what this
ominous bird of yore—
What this grim, ungainly, ghastly,
gaunt, and ominous bird of yore
Meant in croaking "Nevermore. "

This I sat engaged in guessing, but
no syllable expressing
To the fowl whose fiery eyes now
burned into my bosom's core;
This and more I sat divining, with my

学自某位悲伤的先生；而先生曾被无情的不幸
愈追愈紧，愈追愈紧，直到他的歌声负着重载，
直到他的希望之挽歌负着那忧郁的重载，
诉说着‘不再——永远不再’。”

可是这大鸦仍然诱着我那忧伤的幻想发笑，
蓦然我直推一个椅垫，到黑鸟，白像，与房门的前面；
然后，陷落在天鹅绒垫上，我开始自耽于联想，
编织奇思于奇思，且思量，这不祥之鸟，年淹代远，
这狰狞、笨拙、精灵、尖削的不祥之鸟，年淹代远，
是何用意，当它说“不，永远，永远”。

我一直坐着，陷于这猜测，但是不表达一个音节，
向那怪禽；它那火热的眼睛此刻将我的深心燃化；
这意义与其他，我坐着猜想，悠闲

head at ease reclining
On the cushion's velvet lining that the
lamplight gloated o'er,
But whose velvet violet lining with the
lamplight gloating o'er,
She shall press, ah, nevermore!

Then, methought, the air grew denser,
perfumed from an unseen censer
Swung by angels whose faint foot-falls
tinkled on the tufted floor.
"Wretch," I cried, "thy God hath lent
thee-by these angels he hath sent thee
Respite-respite and Nepenthe from thy
memories of Lenore!
Let me quaff this kind Nepenthe and
forget this lost Lenore!"
Quoth the raven, "Nevermore. "

"Prophet!" said I, "thing of evil! —
prophet still, if bird or devil!—
Whether Tempter sent, or whether
tempest tossed thee here ashore,
Desolate, yet all undaunted, on this
desert land enchanted—

地垂头于我的胸膛，
坐在那椅垫的天鹅绒上，在那灯光的凝望之下，
可是那天鹅绒的淡紫色的坐垫，在灯光的凝望之下，
不再能，啊，承她的重压！

不久，我想，空气的密度加强，被隐形的香炉所熏香，
六翼天使们舞着香炉，他们的足音叮叮响于垫毡的地面。
“可怜虫，”我呼道，“上帝已赐你——派这些天使已赠你
安息——安息和解忧的仙剂，为了逃游[2]对丽诺的怀念！
饮吧，饮此慈悲的解忧剂，抛开对逝去的丽诺的怀念！”
可是那大鸦说，“不，永远，永远。”

“巫师！”我说，“不祥的东西！
仍是巫师，不论禽鸟或鬼厉！
不论是诱惑者派你，或是暴风雨掷你，到这岸边来漂流，
被人遗弃，而丝毫不畏惧，在这片被蛊惑的荒地，

②“游”疑是“避”的笔误。

On this home by Horror haunted—
tell me truly, I implore—
Is there—is there balm in Gilead?—
tell me—tell me, I implore!"
Quoth the raven, "Nevermore."

"Prophet!" said I, "thing of evil! —
prophet still, if bird or devil!
By that Heaven that bends above
us—by that God we both adore—
Tell this soul with sorrow laden if,
within the distant Aidenn,
It shall clasp a sainted maiden whom
the angels name Lenore—
Clasp a rare and radiant maiden
whom the angels name Lenore.
Quoth the raven, "Nevermore."

"Be that word our sign of parting, bird
or fiend!" I shrieked, upstarting—
"Get thee back into the tempest and
the Night's plutonian shore!
Leave no black plume as a token of
that lie thy soul hath spoken!
Leave my loneliness unbroken! —

在这被恐怖作祟的家里——真实地告诉我，我哀求：
有否——吉烈德有否香膏？——告诉我，告诉我，我哀求！”
可是那大鸦说，“永不可求。”

“巫师！”我说，“不祥的东西——仍是巫师，不论禽鸟或鬼厉！
凭那垂覆着我们的天国，凭我们双方都崇拜的神明，
请告诉我这充满忧伤的灵魂，究竟在那辽远的爱登，
它能否将一位圣女拥吻，丽诺是天使们唤她的小名：
能否将一位绝代光彩的女孩拥吻，丽诺是天使们唤她的小名！”
可是那大鸦说，“永远不行。”

“让此语做我们再见的纪念，鸟或鬼！”我起立而尖喊，
“给我飞回那暴风雨里，飞回那夜之冥城的岸旁！
不准留一片黑羽以象征，曾经有谎言发自你灵魂！
不准啄破我寂寞的完整！离开我门上

quit the bust above my door!
Take thy beak from out my heart, and
take thy form from off my door!"
Quoth the raven, "Nevermore."

And the raven, never flitting, still is
sitting, still is sitting
On the pallid bust of Pallas just above
my chamber door;
And his eyes have all the seeming of a
demon that is dreaming,
And the lamp-light o' er him streaming
throve his shadow on the floor;
And my soul from out chat shadow that
lies floating on the floor
Shall be lifted—nevermore!

的那尊雕像!
缩回你尖嘴，自我的心上，缩回你
形体，自我的门框！”
可是那大鸦说，“永无希望。”

而那黑鸦，始终不闪躲，依然在端坐，
依然在端坐，
端坐在苍白的巴拉斯像顶，恰恰俯
临着我的房门;
而他那目光简直是酷像一尊正在做
梦的魔王，
而泻在他的身上的灯光，向地面投
掷他的阴影;
而我的灵魂自那片阴影，自那片浮
于地面的阴影，
不能再升起——永不可能!

赏析

本诗所指的大鸦，较一般的乌鸦为大；美国的乌鸦的平均长度为17英寸至21英寸，但大鸦却长至24英寸。一般说来，乌鸦在西方亦为不祥之兆，象征着死亡之逼近和传染病之降临。可是在基督教的文艺之中，乌鸦却象征着上帝的保佑，因为根据《圣经·旧约》的记述，先知以利亚（Elijah）曾于一次他所预言的旱灾之中，得鸦群赠食而不死。艾略特于《从爱伦·坡到梵乐希》一书中，指出“神圣的古代”（the saintly days of yore）不大可能有大鸦的存在。泰特对此提出异议，认为耶稣降生前已有乌鸦，否则何来先知以利亚之故事。事实上，到了19世纪中叶，美国的大鸦已经绝迹；今日唯加拿大与美国极北部还有大鸦了。

本诗写于1845年，当时爱伦·坡正36岁。他的妻子死于1847年；《安娜贝尔丽》与《尤娜路姆》皆写于妻死后，系悼亡之作，应无问题，但大鸦一首也显系怀念死去的情人丽诺（Lenore），则甚不可解。大鸦无疑是象征痛苦的记忆；它以尖嘴啄食爱伦·坡的心，以黑影蔽暗爱伦·坡的灵魂。兰尼尔的名诗《黑鸦的日子》（*The Raven Days*）显然借用爱伦·坡这一意象。诗中的吉烈德（Gilead）也许是暗示加利利（Galilee），而爱登（Aidenn）也许是暗示伊甸（Eden）。巴拉斯（Pallas），即希腊司智慧及文艺之女神雅典娜（Athena），罗马人称她为蜜娜娃（Minerva）。乌鸦栖止于巴拉斯像上，乃象征诗人之艺术为痛苦的黑影所笼罩。

在《创造的哲学》一文中，爱伦·坡曾经分析自己的这首作品说：“根据我们对于人类的广泛认识而言，什么是忧伤的题材中最忧伤的一种呢？死亡——是显然的答案。‘那么，’我说，‘这种最忧伤的题材在什么情况之下最有诗的气氛呢？’自我刚才的解释看来——答案——是显而易见的——‘当死亡与美作最密切的结合时。’那么，一位美女的死，毫无疑问地，是世界上最富于诗的气氛的题材了——同样地，毫无疑问，哀悼这位美女的情郎的口唇，应该是最宜于叙述这件事情的了。”这可以代表浪

[英]弗里德里克·桑迪斯《女武神》

漫主义的极端的一面。

《大鸦》一诗，韵律至严，翻译最难。全诗通押nevermore一韵，译文中实在无法遵守，只能每段换韵。每段第一行中间之字与行末之字押韵；第三行中间之字与行末之字与第四行中间之字又押韵；这一点译文是办到了的，唯原文之韵系先重复轻之“阴韵”(feminine rhyme)，译文之韵，除少数的例外，只能做到单韵。本诗“头韵”用得极多，有些地方简直不可能易以中文的“双声”；可能的地方，译者也照译了过来，例如stopped or stayed译成“止步或驻足”，flung, flirt or flutter译成“排开，拍翅，扑响”，flitting, sitting译为“闪躲，端坐”等皆是。译者的“人事”，只能尽到这一步了。

惠特曼

Walt Whitman

1819—1892

【导读】 诗中的林肯[①]

1819 年 5 月 31 日，沃尔特·惠特曼（Walt Whitman）在纽约州长岛的亨丁顿镇出生。他的上代都是靠体力谋生的人，父亲是农夫兼木工，文化水平很低。家中共有兄弟姊妹九人，沃尔特排行第二。到了 11 岁，因家境贫寒，被迫辍学。

在 12 岁那年，他加入《长岛星报》做排字工人，从此和新闻界发生了密切的关系。1833 年，他的家人搬回长岛，他曾回乡探亲，住了一些日子。17 岁后，他开始为各报馆写稿，并且先后在七间学校里任教，但他始终没有以教书为终生事业的志向。1838 年至 1839 年，他是《长岛人报》的主编人，常在报上发表作品。接下去他一面在牙买加的《长岛民主报》任职，一面潜心研究《圣经》、希腊诗、古印度诗、莎士比亚

① 节选自《惠特曼的生平和著作》，题目为编者所加。

作品以及其他古典文学，同时也热心政治活动，做过民主党的地方政治演说者。这段时期，他很注意修饰，时常穿着考究的衣服，戴着高帽，蓄着当时流行的胡子，风度翩翩地出入于百老汇各歌场舞榭。这时他渐渐发现单靠卖文来维持生活是非常吃力的事，所以有时也像他父兄一样，兼营木工以贴补日常用度。由于生活的改变，他的外貌也变了。他开始变得不修边幅，改穿敞领的工人装，头戴阔边呢帽，蓬着灰白的胡子，和几年前那衣饰华丽的美少年成一强烈的对照。他还特别喜欢同轮渡上的水手、公共汽车司机之类的“教育程度较差”的人来往，以便对劳动大众获得更深的认识。

1855 年 7 月，惠特曼的《草叶集》（*Leaves of Grass*）初版问世，其中收集了十二首无题的诗，全书只有九十页，印刷颇劣，但日后事实证明它是一本划时代的巨著。书上没有刊出作者的姓名，只附着一张画像，画中人一手支腰，一手插入袋中，帽子略歪，领口坦开，显出一种豪放的气概。虽然爱默森在读完这本新诗集后，曾推誉它为“美国历来最伟大的充满智慧的著作”，可是一般读者的反应却相当淡漠，以致惠特曼只好亲自执笔写许多化名的评论去给自己的作品捧场，结果反而造成恶劣的印象，引起各方的指摘和讥嘲。

次年《草叶集》再版，收集有三十二首诗，每首加上标题，篇幅增加到三百八十页。1860 年第三版问世，诗的数目更增至一百五十七首。此后直到他去世时，一共印了十一版，每次都有增订。当年初版本只印了几百本，再版本也不过一千本，所以时至今日，这种原版本已很难找到，甚为收藏家所珍视。

19 世纪以前，美国的艺术界，一直是向欧洲俯首称臣的。绘画学习法国的印象主义，诗则抄袭英国的浪漫主义。到了 19 世纪中叶，诗坛渐渐有了要求独立的觉醒。反衬在新大陆广阔的自然背景上，民主美国的人民生活正在等待着一位具有革命性的新诗人来领导。

在 19 世纪 50 年代，《草叶集》之出现实在可以说是一部划时代的巨著，一座屹立于传统诗与现代诗之间的分水岭。无论在观念还是形式上，它都和维多利亚女王时代以前的文学分道扬镳。他以接近宗教的狂热歌颂平凡人民的神圣与庄严，他鼓吹着以卢梭开端复因法国与美国二大革命而愈加巩固的民主信念。

他的诗是民主美国的现代史诗，也是南北战争的史诗，可是这首史诗里的英雄是无数平凡的人民，而不是神话中的神灵、武士、美人。林肯死了，惠特曼写了一首挽诗——也许是现代文学中最伟大的挽诗——哀悼这位象征民主美国的伟大总统。而事实上，惠特曼也是一位林肯，诗中的林肯，诗中的哥白尼克斯（Copernicus），他发现的新星是人民，是庄严的全面的个别的现代人。

到了 20 世纪，惠特曼的影响已经遍及全世界，对于美国现代诗的启示尤为深刻。1912 年震撼暮气沉沉的美国诗坛的芝加哥新诗运动，虽以莫地（Moody）与马克姆（Markham）为近因，实则遥遥继承惠特曼的精神。

[法] 让·弗朗索瓦·米勒《播种者》

RISE, O DAYS, FROM YOUR FATHOMLESS DEEPS

1

RISE, O days, from your fathomless
deeps, till you loftier, fiercer
sweep!
Long for my soul hungering gymnastic,
I devour'd what the earth
gave me;
Long I roam'd the woods of the
north—long I watch'd Niagara
pouring;
I travel'd the prairies over, and slept on
their breast—I cross'd the
Nevadas,
I cross'd the plateaus;
I ascended the towering rocks along the
Pacific, I sail'd out to
sea;
I sail'd through the storm, I was
refresh'd by the storm;
I watch'd with joy the threatening
maws of the waves;
I mark'd the white combs where they
career'd so high, curling
over;
I heard the wind piping, I saw the black
clouds;
Saw from below what arose and
mounted, (O superb! O wild as
my heart, and powerful!)
Heard the continuous thunder, as it
bellow'd after the lightning;
Noted the slender and jagged threads
of lightning, as sudden and
fast amid the din they
chased
each
other across the sky;
—These, and such as these, I, elate,
saw—saw with wonder, yet
pensive and masterful;
All the menacing might of the globe
uprisen around me;
Yet there with my soul I fed—I fed
content, supercilious.

一

升起，哦时代，自你深邃的海底，
直到你更崇高，更猛烈地奔驰！
很久，我遨游过北方的森林——很久，
我凝望过尼亚加拉瀑布的倾泻；
我行遍了大草原，且睡在她的胸膛
上面
我横跨过内华达，我横跨过大高原；
我登过太平洋边高耸的危岩，我曾
经驶舟出海；
我欣然眺望过波涛威胁的嘴巴；
我注视过白色的波峰高高地拔起，
然后卷下；
我听见风在歌唱，我望见黑色的
云群；
我仰望它们升起而且登临，
（哦，壮美！哦，野蛮如我的心，
而且坚强！）
我听到不断的雷声，当它继电光而
怒鸣；
我瞥见细长而交错的一道道的电光，
当它们急骤
且迅速地，
　　在喧嚣之中，互相追逐过天空。

升起，
哦时代，
自你
深邃的
海底

2

'Twas well, O soul!'twas a good preparation you gave me!

Now we advance our latent and ampler hunger to fill;

Now we go forth to receive what the earth and the sea never
gave us;

Not through the mighty woods we go, but through the mightier cities;

Something for us is pouring now more than Niagara pouring;

Torrents of men, (sources and rills of the Northwest, are you
indeed inexhaustible?)

What, to pavements and homesteads here—what were those storms
of the mountains and
sea?

What, to passions I witness around me to-day? was the sea risen?

Was the wind piping the pipe of death under the black clouds?

Lo! from deeps more unfathomable, something more deadly and savage;

Manhattan, rising, advancing with menacing front—Cincinnati,
Chicago, unchain'd;

—What was that swell I saw on the ocean? behold what comes here!

How it climbs with daring feet and hands! how it dashes!

How the true thunder bellows after the lightning! how bright
the flashes of lightning!

How DEMOCRACY, with desperate vengeful port strides on, shown
through the dark by those
flashes
of
lightning!

(Yet a mournful wail and low sob I fancied I heard through the dark,

In a lull of the deafening confusion.)

二

善哉，哦灵魂！这是你曾给我的良好的准备！
现在我们前进，去接受大地和海洋从未给我们的一切；
我们前进，不经过雄伟的森林，但经过更雄伟的都市；
另有些东西现在为我们倾泻，更壮于尼亚加拉的倾泻，
人群为洪流，（西北部的泉水和溪涧，你们真不会涸竭？）
比起此地的人行道和家园——那些山间和海上的暴风雨算什么？
比起我目睹的四周的情欲，算什么？海洋是否已起立？
是否海风在黑色的云群下歌唱着死亡？
看啊！自更加深邃的海底，更可怕，更野蛮的东西；
曼哈坦，立了起来，以威胁的面容前进——辛辛那提、芝加哥，挣脱了铁链；
——在海洋面上我看见是什么在隆起？看什么来到此地！
它攀爬着，手脚多么勇猛！它多么急骤！
直实的雷声继电光而怒鸣！多亮，闪耀的电光！
民主的精神，以决心复仇的姿态，大踏步向前，在暗中显出形状，借着
　　那些闪耀的电光[1]

[1] 括号内的英文，译者未译，现保留原貌。

3

Thunder on! stride on, Democracy! strike with vengeful stroke!
And do you rise higher than ever yet, O days, O cities!
Crash heavier, heavier yet, O storms! you have done me good;
My soul, prepared in the mountains, absorbs your immortal strong
nutriment;
—Long had I walk'd my cities, my country roads, through farms,
only half-satisfied;
One doubt, nauseous, undulating like a snake, crawl'd on the
ground before me,
Continually preceding my steps, turning upon me oft, ironically
hissing low;
—The cities I loved so well, I abandon'd and left—I sped to the
certainties suitable
to me,
Hungering, hungering, hungering, for primal energies, and Nature's
dauntlessness,
I refresh'd myself with it only, I could relish it only;
I waited the bursting forth of the pent fire—on the water and air
I waited long;
—But now I no longer wait—I am fully satisfied—I am glutted;
I have witness'd the true lightning—I have witness'd my cities
electric;
I have lived to behold man burst forth, and warlike America rise;
Hence I will seek no more the food of the northern solitary wilds;
No more the mountains roam, or sail the stormy sea.

三

继续轰响！继续战斗，民主的精神！以复仇的打击战斗！

你一定要比以往升得更高，哦时代，哦都市！

更重，更重地冲击，哦暴风雨！你曾经使我受益；

我的灵魂，在山间有过准备，吸收着你不朽的丰富的营养；

久久，我曾走过我的都市，我的村路，也走过农场，仅感到一半的满足；

一个疑问，令人憎恶地，起伏游动如一条蛇，

在我前面的地上爬行，

不断地在我的脚前爬行，时时转身要噬我，

讽刺似的低声地喷气。

但如今我不再等待——我已经完全满足——我已经饱餍；

我已经目睹真实的电光——我已经目睹我的都市[②]电灯辉煌；

我此生已经亲见人的爆发，亲见美国迎战般起立；

从此我不再去北方那荒凉的原野，去寻找食物，

不再去山上流浪，去暴风雨的海上航行。

②都市，原译为都市们。

［俄］伊万·康斯坦丁诺维奇·艾瓦佐夫斯基《九级浪》

艾米莉·狄金森[①]

Emily Dickinson

1830—1886

【导读】 一扇门的开启和关闭[②]

艾米莉·狄金森（Emily Dickinson）1830 年 12 月 10 日生于美国麻州[③]的安默斯特镇。父亲爱德华·狄金森是一位名律师，又是安默师特学院的司库，在镇上极有声望。安默斯特风物秀美，四郊景色既佳，艾米莉便常和镇上的孩子们远足野餐，登诺瓦托克山，采摘花草为乐，有时又独游林中泉畔，或者牵着她的巨犬卡罗，嬉戏于大海之滨。

她耽读济慈、柯勒立治、勃朗宁、爱默森，德国诗人海涅原文的诗，霍桑、狄更斯的小说。常穿素衣的她，脸庞白皙，嘴唇红润，修长的眉，明亮的眼，密密的柔发用栗色的丝带束起，身材姣小得“像一只鹪鹩”。23 岁那年，她随父往游华盛顿，归途路经费城，艾米莉遂邂逅她“命运”的化身。自此

① 艾米莉·狄金森，原译为爱蜜丽·狄瑾荪，亦译为狄更生·狄瑾荪。

② 节选自《狄瑾荪的生平和著作》，题目为编者所加。

③ 麻州，即马萨诸塞州的俗称。

她退隐安默斯特故居，直至56岁逝世，终身不嫁。至于这位“命运”究系何人，则诸家解释颇不一致。比较可靠的说法是魏治华斯牧师。魏已有妇，艾米莉不愿引起物议，几度晤面之后，便黯然赋归，从此深居简出，抱恨以终。她的诗集中，有关爱情的作品，约三百首，中心思想无非视尘世为逆旅，以坟墓为归宿。她将在地下等待他来，作永恒的结合。也就因此，她诗集中设想死后情景的作品，亦在三百首左右。上穷碧落，下尽黄泉，出生入死，瞬息大千。因为她的灵魂早已不耐于人间的岁月了。

艾米莉既归隐旧居，亲友便很少见到她了。即使有缘一睹，也如惊鸿照影，只许人匆匆一瞥，见到长廊尽处的一角裙衣。她成了村中的一怪。女童夜伺窗下，偶见伊影在窗，便大惊小怪，以为奇遇。甚至有人疑心她是女巫，具有魔术。可是又有谁能洞悉她内心深处的悲痛？友人虽然难于见她，却经常接到她的短简。信中所言也并非要事，只寥寥数语，意境如诗。例如“新月像一个女孩，骑马行经黄玉的小城”，“群蛙今夜唱得多甜——它们的日子是如此幽美而闲散——做一只蛙真有趣”等便是。也就在这时，她开始写起诗来，旧报的白边，信封的背面，或是一张零碎的纸片，兴至都可以走笔疾书。往往诗思太快，来不及标点，便用长划线交代过去。有时一个意象，不能决定要用何字，便将可以候选诸字并列句中，留待日后推敲。因此，我们今日看到的诗中文字，有的已经编者擅自选择，而不同的编者也就选用（有时甚至妄改）互异的文字。艾米莉家境优裕，并无成名的俗念，更不愿将私情公诸大众，所以终她一生，从未投稿，所发表的四首诗都是朋友瞒着她偷寄出去的。

1886 年 5 月 15 日，狄金森病死故居。四年之后，妹妹拉薇妮亚才托陶德夫人编印她的第一本诗集，其后陆续出版，颇得好评。

狄金森一生的产量在一千二百首左右，可是每首诗都很短，平均不到二十行。一般编者都将她的作品分为《生命》《自然》《爱情》《时间与永恒》四大部门。最容易受到读者欢迎的当然是《自然》一辑中的小诗，可是批评界最重视的还是她那些具有玄学派风格的作品。

桑德堡所谓的“诗是一扇门的开启和关闭，让曾经透视其内的人去猜想瞬间所见为何物”用来描摹狄金森的诗是再恰当不过的了。在她那清晰得透明的意象后面，我们可以看见她那既坚硬，又灿亮的思想——爱默生式超越一切直观宇宙的个人主义。狄金森的诗中只有时间，而没有时代；只有空间，而没有世界；只有上帝和死神，而没有人群。她似乎生活在一个真空管里，可是只要她随手把它一摇，就会使它变成一个万花筒。

[美] 爱德华·霍普《海边的房间》

A LIGHT EXISTS IN SPRING

A Light exists in Spring
Not present on the Year
At any other period—
When March is scarcely here

A Color stands abroad
On Solitary Fields
That Science cannot overtake
But Human Nature feels.

It waits upon the Lawn,
It shows the furthest Tree
Upon the furthest Slope you know
It almost speaks to you.

Then as Horizons step
Or Noons report away
Without the Formula of sound
It passes and we stay—

A quality of loss
Affecting our Content
As Trade had suddenly encroached
Upon a Sacrament.

春的光辉

春来的时候有一种光辉，
　为整整的一年之间
任何其他的季节所没有。
　当三月尚未露脸，

有一种颜色遥遥地憩脚，
　在荒寂无人的山头，
科学无法[1]将它捕捉，
　但人的性灵能感受。

它殷勤伺候在草地上面；
　它泄露远树的形状，
在我们熟悉的极远的山坡；
　它几乎对我有话讲。

但是当地平线举步远行，
　或是报销了午时，
也没有声音所具有的形式，
　它离去而我们留此：

一种遗失所特有的性质
　影响到我们的内心，
像市场的交易忽然侵犯
　一种神圣的幽境。

① 原译“无法”后面有“以”字。

[英]约翰·威廉姆·沃特豪斯《春之歌》

赏 析

诗人是走私的高手，总能过关脱身。他私运入境的宝物，不但证明他走私成功，更证明他确是深入了异域再回来的。济慈曾说，诗人是神派来探刺人间的间谍。希望我的走私隐喻和济慈的探卒形象不至于格格不入。我相信诗人的走私手法是双重的，因为他为日常的生活带来了神光异彩，同时又赋想象的世界以逼真的实感。美国女诗人狄金森的这首诗可以说明：诗是矛盾的综合。能够将平凡和奇异、真实与虚幻综合在一起。在《春的光辉》里，一年一度早春重临大地的现象，变成了一幕神秘的哑剧，像魔幻行列在远方消逝。

AS IMPERCEPTIBLY AS GRIEF

As imperceptibly as Grief
The Summer lapsed away—
   Too imperceptible at last
To seem like Perfidy—
   A Quietness distilled
As Twilight long begun,
   Or Nature spending with herself
Sequestered Afternoon—
   The Dusk drew earlier in—
The Morning foreign shone—
   VA courteous, yet harrowing Grace,
As Guest, that would be gone—
   And thus, without a Wing
Or service of a Keel
   Our Summer made her light escape
Into the Beautiful.

夏之逃逸

不知不觉地，有如忧伤，
　夏日竟然就逝了，
如此地难以觉察，简直
　不像是有意潜逃。
向晚的微光很早便开始，
　沉淀出一片寂静，
不然便是消瘦的四野
将下午深深幽禁。
　黄昏比往日来得更早，
清晨的光彩已陌生——
　一种拘礼而恼人的风度，
像即欲离开的客人。
　就像如此，也不用翅膀，
也不劳小舟相送，
　我们的夏日轻逸地逃去，
没入了美的境中。

【注解】

离开的客人，此行颇类雪莱《给黑夜》（*To Night*）一诗第二段第五六两行：
而疲惫的白昼开始就寝，
逡巡着，像不受欢迎的来宾。

［法］克劳德·莫奈《读书的女子》

THERE'S A CERTAIN SLANT OF LIGHT

There's a certain slant of light
  Winter afternoons,
That oppresses,
  like the heft
Of cathedral tunes.
  Heavenly hurt, it gives us;
We can find no scar
  But internal difference
Where the meanings, are
  None may teach it any;
Tis the seal, despair,
  An imperial affliction
Sent us of the air.
  When it comes, the landscape listens,
Shadows hold their breath;
  When it goes, tis like the distance
On the look of death.

Emily Dickinson
艾米莉·狄金森

冬日的下午

冬日的下午往往有一种
　斜落下来的幽光，
压迫着我们，那重量如同
　大教堂中的琴响。
它给我们以神圣的创伤；
　我们找不到斑痕，
只有内心所引起的变化，
　将它的意义蕴存。
没有人能够稍使它感悟；
　它是绝望的烙印，
一种无比美妙的痛苦，
　借大气传给我们。
当它来时，四野都倾听，
　阴影全屏住呼吸；
当去时，远得像我们
　遥望死亡的距离。

［法］克劳德·莫奈《喜鹊》

I DIED FOR BEAUTY

I died for beauty but was scarce
  Adjusted in the tomb,
When one who died for truth was lain
  In an adjoining room.

He questioned softly why I failed?
  "For beauty," I replied.
"And I for truth, the two are one;
  We brethren are," he said.

And so, as kinsmen met a night,
  We talked between the rooms,
Until the moss had reached our lips,
  And covered up our names.

[英]爱德华－伯尔尼·琼斯《废墟中的爱情》

殉　美

我为美死去，但是还不曾
　安息在我的墓里，
又有个为真理而死去的人
　来躺在我的隔壁。

他悄悄地问我为何以身殉？
　“为了美，”我说。
“而我为真理，两者不分家；
　我们是兄弟两个。”

于是像亲戚在夜间相遇，
　我们便隔墙谈天，
直到青苔爬到了唇际，
　将我们的名字遮掩。

哈代

Thomas Hardy

1840—1928

【导读】 诗中之罗丹[1]

哈代（Thomas Hardy）1840 年 6 月 2 日生于多尔舍特郡，其后威悉克斯（Wessex）一带的自然环境即成为其作品的特殊背景。他出身寒贱，父亲原为石工；16 岁时，他曾从建筑师习艺，23 岁曾获皇家建筑学院的奖励。但哈代认为自己在这方面并无前途，此时他已经写了若干诗篇，但苦无机会出版。不久因为准备结婚，需要维持家庭，又受到梅瑞狄斯（George Meredith）的鼓励，他便改写小说。但是处女作《计出无奈》（*Desperate Remedies*）并不引人注意，直到《绿林荫下》（*Under the Greenwood Tree*）问世，他才渐渐成名。其后他又出版《远离尘嚣》（*Far From the Madding Crowd*）、《还乡》（*The Return of the Native*）、《卡斯特桥市长》（*The Mayor of Casterbridge*）和

① 节选自《英诗译注》，题目为编者所加。

《德伯家的苔丝》（*Tess of the D'Urbervilles*）等杰作，遂享国际盛名，成为现代英国的小说大家。直至1895年，《无名的裘德》（*Jude the Obscure*）出版，受到批评家无理的指摘，诋为"伤风败俗"，哈代大为震怒，说道："这一来我爱写小说的毛病算是给医断了根。"其后遂永不再写小说。

本来哈代一直就在自艾自怨，认为写小说全系生活所迫。他每每戏称自己的小说是"骗稿费的东西"，而且是"糟透了"。如今既已成名，他便决心重追幼时的"初恋"，继续写诗。结果从58岁起，到88岁逝世止，他先后出版了九卷诗集。起先批评家对它们只表示礼貌上的敬意，并不热心，直到他描写拿破仑战争，长达三卷十九幕一百三十景的巨著《列君》（*The Dynasts*）问世，哈代的诗才开始受到热烈的推崇，即连最难取悦的诗人兼批评家亚伯克伦比（Lascelles Abercrombie）也称它作"文学中宿命论最宏大最完整的展览"。

不错，"命运"是哈代作品的题，这是他对华兹华斯理想的田园主义、勃朗宁放任的乐观和史云朋（A. C. Swinburne）不假思索的泛神论的一个总答复。他对于大自然的了解极深，知道它并不像常人所想象的那么慈善，正如欧文（Wilfred Owen）曾经出生入死，饱受战祸，知道沙场并非表演浪漫姿态的戏台一样。他目睹疾病和旱灾的痛苦，目睹农民的艰苦奋斗，目睹人类不断的挣扎和不可逃避的失败。如果冥冥中真有主宰在控制着世界，那么这主宰只是"巧合"。哈代认为上帝对人类的一切早已漠不关心，即使偶一念及，也无非视我们为他的一次失败；主宰着宇宙的既非慈善，也非残酷，只是偶然的巧合而已。但是哈代对此无情的世界却抱着悲天悯人的胸怀。他虽对人类的价值失去信心，却不免同情人类对命运的挣扎和反抗。人，只有在失败中最能显出自己的尊严，而尊严之中便蕴含着希望。

和华兹华斯不同，哈代是老当益壮，愈写愈精。他的诗材均自生活经验中提炼而来，多半是描写威悉克斯人民的生活形态，意境各殊，情调不一，技巧尤变化万状，或尖新如时人之作，或凝练如芭蕾舞女。其形式乍看似鲁拙粗犷，实则均为其内在生命力的妥切表现。马丁（Dorothy Martin）曾喻其为诗中之罗丹。

哈代曾经两次结婚，其家庭生活在毛姆（W. S. Maugham）的小说《寻欢作乐》（*Cakes and Ale*）之中曾有描写。他死于1928年1月11日，骨灰葬在威斯敏斯特教堂，但心则遵其遗嘱，埋在他心爱的威悉克斯故乡。

[法]克劳德·莫奈《威斯敏斯特下的泰晤士河》

THE DARKLING THRUSH

I leaned upon a coppice gate
　When frost was specter-gray,
And winter's dregs made desolate
　The weakening eye of day.
The tangled bine-stems scored the sky
　Like strings from broken lyres,
And all mankind that haunted nigh
　Had sought their household fires.

The land's sharp features seemed to be
　The Century's corpse outleant;
His crypt the cloudy canopy,
　The wind his death-lament.
The ancient pulse of germ and birth
　Was shrunken hard and dry,
And every spirit upon earth
　Seemed fervourless as I.

At once a voice burst forth among
　The bleak twigs overhead
In a full-hearted evensong
　Of joy unlimited;
An aged thrush, frail, gaunt, and small,
　In blast-beruffled plume,
Had chosen thus to fling his soul
　Upon the growing gloom.

So little cause for carolings
　Of such ecstatic sound
Was written on terrestrial things
　Afar or nigh around,
That I could think there trembled through
　His happy good-night air
Some blessed hope, whereof he knew
　And I was unaware

冬晚的画眉

我倚在一扇篱落的门边，
　当寒霜白如幽灵，
而冬晚的残滓也已遮暗
　白昼渐弱的眼睛。
缠绕的枯藤指划着天心
　有如破琴的断弦，
在邻近出没的幢幢人影
　都已经回去炉边。

大地那清癯的面容仿佛
　世纪的尸体横陈；
沉沉的云层是他的坟墓，
　晚风是挽他的歌声。
原充满生机，古老的脉搏
　如今已僵硬而干寒，
地面残余的每一个魂魄
　都像我一样的漠然。

忽然我头顶冷冽的枝条
　迸出了歌声一串，
一首尽情而衷心的晚祷
　充满了无限的狂欢；
一只老画眉，纤弱而嶙峋，
　披着吹皱的羽裳，
此时却不惜将他的灵魂
　投向渐浓的苍茫。

环顾四周围地面的晚景，
　无论近处或远方，
都不足引起孤鸟的豪情
　如此忘情地歌唱，
我想在他那夜别的调里
　颤动着一线希望，
只有他自己知道是什么
　而我却无法猜想。

［瑞士］瓦尔德马・芬克《格施塔德附近的月夜》

赏析

这首诗写于 1900 年的 12 月，是哈代 60 岁时的创作，如今几乎任何英诗选集中都可以读到。它描写诗人冬暮远眺，但见景色萧条，心情极为阴郁；正怅望间，忽闻枝头小鸟引吭娇啭，歌声充满了欢愉和希望。诗人虽莫窥其希望何在，但亦因此受了它无形的鼓舞。本诗格律极严，各节的韵脚一律是 ABABCDCD。读者请原谅我只译出了 BB 和 DD，至于次要的 AA 和 CC 则不拘。又每节一三五七单行用“抑扬四步格”，二四六八双行用“抑扬三步格”，这一点译文是办到了的。第二段第二、第三两行一连用了四个 k 音（corpse，crypt，cloudy，canopy）来暗示“尖削”的地面；又 scored 和 sky，growing 和 gloom 等亦有声音上的特殊效果；这个“头韵”（alliteration）的运用在英诗中极为普遍，例如爱伦・坡在 To Helen 中连用四个 W 和六个 R 以暗示倦游思归的心情，便是一个最成功的例子。

本诗所用的几个明暗喻都很高明。全诗最精彩的句子应该是第二段的前半节，其中又以前二行玄学派的比喻给人的印象最为深刻。本诗作于 1900 年底，是时 19 世纪恰恰结束，故有“世纪的尸体”之谓。“大地”原是广阔的空间，“世纪”原是悠长的时间，两者在予人庞大的印象上，已有相似之处，引人联想；再加“大地”已经奄奄冬眠，了无生意，“世纪”也已垂死待葬，成为往日，在诗人创造的幻想之中，苍白、僵冻而又干枯的大地可不就是刚刚死去的 19 世纪所遗留下来的尸体？于是经诗人的魔指一点化，无形的时间便落为有形的空间。至于诗中 specter-gray ,weakening eye , haunted , crypt, death-lament 等词在在都暗示着死亡，已经造成了上述两行所点破的阴森的气氛。这两行诗使我联想起艾略特同是描写黄昏的名句：“当黄昏摊开在西天，像一个病人麻醉在手术台上。”[见《普鲁弗洛克的恋歌》（*The Love Song of J. Alfred Prufrock*）] 艾略特此诗的写作比哈代的最多不过迟十年（艾氏 1910 年毕业于哈佛，该诗为其负笈哈佛时所作），艾氏于写此两行诗时，心中有无哈代诗句的影子，却是一个极饶兴味的问题。

叶芝①

William Butler Yeats

1865—1939

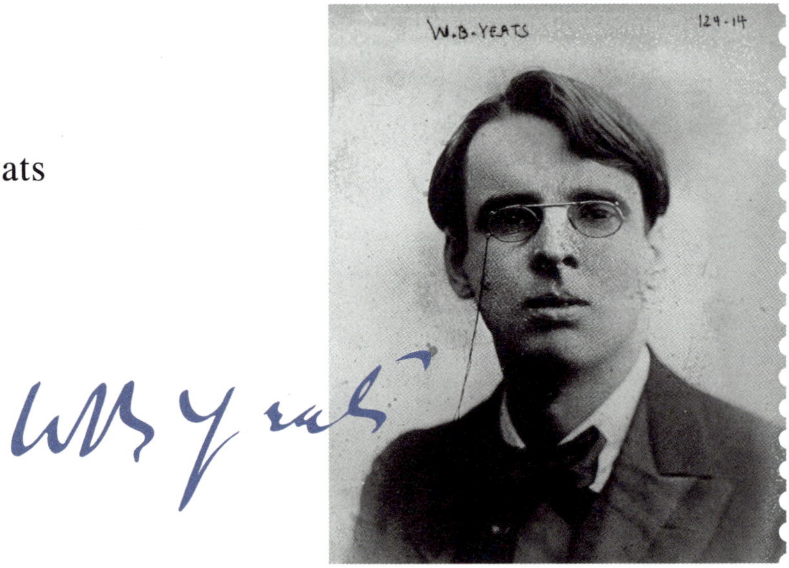

【导读】 一则疯狂的神话②

现代文学史家惯将叶芝的创作分成四个或五个时期。第一个时期，是他的前拉斐尔主义时期，也可以说是他的后期浪漫主义时期。这时他耽于唯美的梦幻，诗风朦胧而暧昧，个性不够突出，文字也无力量，可以《湖上的茵岛》和《当你年老》为代表作。第二个时期，约始于1904年至1908年之间。当时叶芝已经有改变的迹象。《亚当的灾难》《水上的老叟》几首诗，已经展示出新的趋向。1908年，年轻的庞德闯进了他的世界，挟新大陆的朝气和（稍后的）意象主义的运动，迫使中年的叶芝，在半迎半拒的心情下，接受年青一代的影响。于是叶芝从早期的浪漫主义和爱尔兰神话之中挣了出来，且展现一种正视现实的简朴和诚挚诗风。《一九一三年九月》《华

① 叶芝，原译叶慈。全名威廉·巴特勒·叶芝（William Butler Yeats，1865—1939），爱尔兰诗人、剧作家，“爱尔兰文艺复兴运动”领袖。1923年诺贝尔文学奖得主，1934年，和吉卜林共同获得古腾堡诗歌奖。一般认为，叶芝的诗代表着英语诗从传统到现代过渡的缩影。

② 本文略有删节。

衣》《成熟的智慧》《库尔的野天鹅》等诗，可以视为此期的代表作。第三个时期，是他的个人神话时期，约始于 1917 年。那一年，叶芝和乔吉·海德里斯结婚，并开始潜心研究神秘主义与通灵术。借夫人之助，他似乎接受了冥冥中的神谕，复就月之二十八态，推测人的性格，就古典文化与基督教之兴衰，推测两千年一轮替的文化周期。这个神话系统，比他早期的带点怀古幽情的爱尔兰神话，显然要繁富得多。不论我们是否重视，这个神话系统，这些信念显然已成为他此期诗中的中心思想和意象泉源，且使得那些诗充满了意义和暗示。《再度降临》《为吾女祈祷》《航向拜占庭》《丽达与天鹅》等，是此期的杰作，一般诗选里收得最多。第四个时期，自 1928 年以迄他逝世之年，展示他晚年再度挣脱神话与玄想而回到现实生活的风格。这时他悲愤于肉体的不可恃而又不得不持有，遂排开玄思与幻想，再度正视现实，拥抱生命，且发为苍老而仍遒劲的歌声。这时，叶芝的智慧已完全成熟，加上近乎口语的坦率和一个伟大性格的力量，遂形成他最后几篇杰作中那种不可逼视的狂放和灼热。例如《狂简茵》八首、《灵魂与自我的对话》、《青金石》、《长脚蚊》诸作，都是叶芝老而愈狂的表现，也是现代英诗中罕见的佳构。

大家不一定接受叶芝的社会思想，也不一定相信他的神话系统，但叶芝已经被公认为 20 世纪初期英语世界最伟大的诗人。他的诗，结构宏伟，节奏繁富，意象明快而突出，思想性非常浓厚，情感的力量也非常充沛。最动人的，是他那逼视现实怀抱全生命的气魄。读他的诗，像看罗丹的雕塑、凡·高的画，像听贝多芬和瓦格纳的音乐，总令人感到一股强大的生命力，在现实的压迫下撞击、回旋，不能自已。

DOWN BY THE SALLEY GARDENS

Down by the salley gardens
　My love and I did meet
She passed the salley gardens
　With little snow-white feet
She bid me take love easy
　As the leaves grow on the tree
But I being young and foolish
　With her would not agree

In a field by the river
　My love and I did stand
And on my leaning shoulder
　She laid her snow-white hand
She bid me take life easy
　As the grass grows on the weirs
But I was young and foolish
　And now I'm full of tears.

在柳园旁边

在柳园旁边和我的情人相见；
　她雪白的纤足穿越过柳园。
她劝我爱情要看淡，如叶生树梢；
　但我年轻又痴心，不听她劝告。

在河边的田里和我的情人并立，
　她雪白的手扶在我斜倚的肩际。
她劝我人生要看开，像草生堤堰；
　但我年轻又痴心，此刻泪涟涟。

［法］皮埃尔·奥古斯特·雷诺阿《恋人》

WHEN YOU ARE OLD

When you are old and grey and full of sleep,
And nodding by the fire, take down this book,
And slowly read, and dream of the soft look
Your eyes had once, and of their shadows deep;

How many loved your moments of glad grace,
And loved your beauty with love false or true,
But one man loved the pilgrim Soul in you,
And loved the sorrows of your changing face;

And bending down beside the glowing bars,
Murmur, a little sadly, how Love fled
And paced upon the mountains overhead
And hid his face amid a crowd of stars.

当你年老

当你年老，头白，睡意正昏昏，
　在炉火边打盹，请取下此书，
慢慢阅读，且梦见你的美目
　往昔的温婉，眸影有多深；

梦见多少人爱你优雅的韶光，
　爱你的美貌，不论假意或真情，
可是有一人爱你朝圣的心灵，
　爱你脸上青春难驻的哀伤；

于是你俯身在熊熊的炉边，
　有点惘然，低诉爱情已飞扬，
而且逡巡在群峰之上，
　把脸庞隐藏在星座之间。

［法］威廉·阿道夫·布格罗《年老》

赏析

《在柳园旁边》《当你年老》这两首诗都是叶芝的少作，也都是情诗，诗中的“她”和“你”可能都是叶芝苦恋多年而未能终成眷属的茅德·冈[1]。茅德是演员，美丽而刚烈，热衷于爱尔兰的抗英爱国运动。她的美丽迷住了叶芝，但她的刚烈叶芝却受不了。叶芝为她而作的情诗并不止这两首，在名诗《为吾女祈祷》中，诗人甚至期望爱女将来能享受安定而贤淑的家庭生活，不要学茅德的作风。

[1] 茅德·冈，原译龚茂德。

学者一般认为叶芝的作品老而愈醇，他能成为 20 世纪英语世界最伟大的诗人，主要是靠中年以后的“晚作”：因为那些晚作举重若轻，化俗为雅，能把生活提炼成艺术。对比之下，他的少作优美而迷离，不脱“前拉斐尔派”的唯美意识。这些我完全同意，却认为他那些少作虽然只有“次要诗人”（minor poet）的分量，其中颇有一些仍是不可多得的精品，值得细赏。《在柳园旁边》（*Down by the Salley Gardens*）是一首失恋的情诗：诗人怅念当年对情人的迷恋十分认真，但情人似乎不太领情，反而有意摆脱，所以慰勉他要看开一点，不可强求。可是诗人一往情深，不听劝告，结果当然是自作多情，吃了很多苦头。此诗向读者暗示了一则爱情故事，但其细节却隐在凄美的雾里，并未展开成为小说。也许如此反而更使读者感到余恨袅袅。最动人的该是每段的第三行：前半行似甜实苦，说不尽美丽的哀愁；后半行就地取喻，有民谣的风味。末行的“痴心”，原文是 foolish，译作“愚蠢”当最现成，似乎忠于原文，但是不免拘于字面。英文里面，真正骂人是说 stupid，带点宽容与劝勉才是 foolish。情人之间，说对方 foolish，反而有“看你有多痴”的相惜之情。事隔多年，诗人犹感余恨，不过是恨命苦，并非记恨情人。李商隐不是说嘛："此情可待成追忆，只是当时已惘然。"

《当你年老》（*When You Are Old*）里面的情人，由第三人称变成了第二人称，有趣的是：《在柳园旁边》里，诗人以"我"出现，但到了《当你年老》里，"我"一直在自言自语，却始终不提"我"了。这就牵涉到末段第二行的"爱情"；原文Love是用大写，一般是指爱情之为物，亦即爱情之人格化。然则诗人的用意，究竟是指情人老来孤单，追思前缘，不胜惋惜，但那已经是过去的事了，像是传说，又像是神话；抑或是指爱她的人，亦即诗人（也就是次段第三行的"有一人"），早已远去，成了传说，登上了艺术之峰，与灿亮的名家为伍了呢？首段第二行，"请取下此书"（take down this book），是什么书呢？应该就是诗人正在写的书了，也就是这首情诗要纳入的诗集吧：当你年老，这本诗集就在你的书架上，所以要"取下"。于是你一面读着，一面就神游（梦见）往昔，发现当年追求你的人虽多，但真正爱你知你如我者，仅我一人。众多追求者爱你的青春（韶光）美貌，而我啊，即使你美人迟暮（青春难驻）也仍然爱着你呢。

学者曾指出，此诗起句来自法国16世纪"七星诗派"领袖龙沙（Pierre de Ronsard）《赠海伦十四行集》（*Sonnets pour Hélène*）之一，其起句为："当你年老，夜晚在烛光下"（Quand vous serez bien vieille, au soir, á la chandelle）。龙沙之诗大意是："当你年老，烛光下纺纱，吟着我的诗句，说当你绮年美貌，龙沙曾赋诗赞你；我已入土为鬼，躺在桃金娘的荫下。你也成了老妪，蹲在炉火旁边，悔恨自己高傲，错失我的爱情。与其空待明日，不如爱我今朝。"龙沙的情诗语含威胁，有欠婉转。叶芝起句学他，但温柔敦厚，更为体贴，无怨无尤，一结余韵袅袅。

LEDA AND THE SWAN

A sudden blow: the great wings beating still
  Above the staggering girl, her thighs caressed
By the dark webs, her nape caught in his bill,
  He holds her helpless breast upon his breast.

How can those terrified vague fingers push
  The feathered glory from her loosening thighs?
And how can body, laid in that white rush,
  But feel the strange heart beating where it lies?

A shudder in the loins engenders there
  The broken wall, the burning roof and tower
And Agamemnon dead.
                                        Being so caught up,
So mastered by the brute blood of the air
  Did she put on his knowledge with his power
Before the indifferent beak could let her drop?

丽达与天鹅

猝然一攫：巨翼犹兀自拍动，
　扇着欲坠的少女，他用黑蹼
摩挲她双股，含她的后颈在喙中，
　且拥她无助的乳房在他的胸脯。

惊骇而含糊的手指怎能推拒，
　她松弛的股间，那羽化的宠幸？
白热的冲刺下，被扑倒的凡躯
　怎能不感到那跳动的神异的心？

腰际一阵颤抖，从此便种下
　败壁颓垣，屋顶与城楼焚毁，
而亚嘉曼农[①]死去。
　　　　　　　　　　就这样被抓，
被自天而降的暴力所凌驾，
　她可曾就神力汲神的智慧，
乘那冷漠之喙尚未将她放下？

（1928）

① 亚嘉曼农，现通译阿伽门农。

［意大利］达·芬奇《丽达与天鹅》

赏 析

《丽达与天鹅》写于1923年，初稿刊于翌年，定稿发表于1928年，是叶芝最有名的短诗之一。我们可以用它解释希腊文化的诞生，也可以用它来解释创造的原理。根据希腊的神话，斯巴达王廷达瑞俄斯[①]（Tyndareus）的妻子丽达（Leda）某次浴于犹罗塔斯河上，为天神宙斯窥见。宙斯乃化为白天鹅，袭奸丽达，而生二卵：其一生出卡斯托尔（Castor）与克吕泰涅斯特拉（Clytemnestra），其一则为波吕克斯（Pollux）与海伦。[①]后来卡斯托尔和波吕克斯成为一对亲爱的兄弟，死后升天为双子星座。克吕泰涅斯特拉谋杀了丈夫迈锡尼王亚嘉曼农。海伦成为倾国倾城的美人，由于她和帕里斯王子私奔，特洛伊惨遭屠城之灾。所以本诗第九行至第十一行，是指丽达当时的受孕，早已种下未来焚城及杀夫的祸根。

叶芝认为，无论希腊文化还是基督教文化，皆始于一项神谕（Annunciation），而神谕又借一禽鸟以显形。在基督教中，圣灵遁形于鸽而谕玛丽亚将生基督；在希腊神话中，宙斯遁形于鹄而使丽达生下海伦。

另一方面，宙斯也是不朽的创造力之象征。但即使是神的创造力，恍兮惚兮，也必须降落世间，具备形象，且与人类匹配。也就是说，灵仍需赖肉以存，而灵与肉的结合下，产生了人，具有人的不可克服的双重本质：创造与毁灭，爱与战争。最后的三行半超越了希腊神话而提出一个普遍问题，那就是：一个凡人成了天行其道的工具，对于冥冥中驱遣他的那股力量，于知其然之外，能否进一步而知其所以然？究竟，是什么力量、什么意志在主宰人类天生的相反倾向，使之推动历史与文化？

本诗在格律上是一首莎士比亚体的十四行，唯后六行韵脚的安排不拘原式，近于彼特拉克体。

① 廷达瑞俄斯，原译丁大留斯。

② 卡斯托尔原译卡斯托；克吕泰涅斯特拉原译克莱坦娜斯特拉；波吕克斯原译帕勒克斯。

AN IRISH AIRMAN FORESEES HIS DEATH

I know that I shall meet my fate
　Somewhere among the clouds above;
Those that I fight I do not hate,
　Those that I guard I do not love;
My county is Kiltartan Cross,
　My countrymen Kiltartan's poor,
No likely end could bring them loss
　Or leave them happier than before.
Nor law, nor duty bade me fight,
　Nor public men, nor cheering crowds,
A lonely impulse of delight
　Drove to this tumult in the clouds;
I balanced all, brought all to mind,
　The years to come seemed waste of breath,
A waste of breath the years behind
　In balance with this life, this death.

[法] 亨利·卢梭《战争》

爱尔兰一空军预感死亡

我知道我终将面对命运，
　在那上面，在缥缈的云间；
与我战斗的，我并不仇恨，
　受我保护的，我也不眷恋；
我的国家是基大顿的通衢，
　我的同胞是基大顿的贫民，
任何后果不会使他们更忧郁，
　也不会使他们比从前欢欣。
不为法律，也不为责任而战，
　不为诸公，也不为欢呼的群众，
好寂寞的一阵喜悦的灵感
　驱我直上这骚动的云中；
我思前想后，一切与一切，
　未来的岁月像虚度的日子，
虚度的日子是以往的岁月，
　比起这样的生来，这样的死。

麦克瑞

John McCrae

1872—1918

【导读】 炮手、医生、诗人的灵魂①

麦克瑞（John McCrae），加拿大诗人，1872 年生于安大略的盖尔夫，1894 年文科毕业，1898 年医科毕业，最后卒业于美国约翰斯·霍普金斯大学（Johns Hopkins）。其后返加拿大，任教于麦吉尔大学的医学院。1899 年至 1900 年，他在南非的战争中任炮兵中尉。第一次世界大战时，他任麦吉尔加拿大总医院的医药部主任；两年后，1918 年 1 月，患肺炎而死。他的诗集《在佛兰德的田里》（*In Flanders Fields*）在他死后一年才出版；这首“叠句诗”便是其序诗，简劲有力，为第一次世界大战中最有名的几首英诗之一，很多英诗选集中都可以读到。

① 选自《英诗译注》，题目为编者所加。

［荷兰］文森特·凡·高《罂粟花与蝴蝶》

IN FLANDERS FIELDS

In Flanders fields the poppies blow
　Between the crosses row on row,
That mark our place; and in the sky
　The larks, still bravely singing, fly
Scarce heard amid the guns below.

We are the Dead. Short days ago
　We lived, felt dawn, saw sunset glow,
Loved and were loved, and now we lie
　In Flanders fields.

Take up our quarrel with the foe:
　To you from failing hands we throw
The torch; be yours to hold it high.
　If ye break faith with us who die
We shall not sleep, though poppies grow
　In Flanders fields.

【注解】

(1) Flanders，地域名，在今比利时西部，法国北端及荷兰西南部。形容词为 Flemish。

(2) That mark our place, that 指 crosses，意为十字架标示着我们埋葬的地方。

(3) bravely，古语“美好”(fine，excellent) 之意，非“勇敢”也。

(4) amid，处于逆境用 amid；处于顺境用 among。

(5) the Dead=dead men; the+adj.=noun.。此处指协约国阵亡将士。

(6) lived，felt，saw，loved，were loved，均为 we 之动词。注意其过去式用法。

(7) quarrel，此处应作“战斗”解。

在佛兰德的田里

在佛兰德的田里有罂粟花盛开，
　在十字架的中间，一排又一排，
这里是我们的坟场；在天上，
　云鸟依旧在欢唱，依旧飞翔，
但歌声几乎给下面的炮响遮盖。

我们是死者。才几天以前，离现在，
　我们还生存，感觉晨光，看落日的光彩，
爱别人也被爱，但如今我们埋葬
　在佛兰德的田里。

请继续我们和敌人一决胜败；
　从力尽的手我们向你们投来
这火把，愿你们将它高扬。
　如你们背叛了我们的信仰，
我们不瞑目，虽然罂粟花盛开
　在佛兰德的田里。

(8) the foe，指德国人。

(9) failing hands，fail 此处可作二解，一为“失败”，一为“渐弱”。

(10) be yours to hold it high=Let it be your hands to hold the torch high。

(11) ye，第二人称多数 you 的古写。

(12) break faith with us，失信于我们，背盟。

[荷兰] 文森特·凡·高《罂粟花田》

赏 • 析

这是一首标准的法国式的“叠句诗”(rondeau)，可谓一气呵成，绝不受形式的束缚。共分三段，十五行，除第二段及第三段之末行为四音节的叠句（refrain）外，其余各行均为八音节的“抑扬四步格”；押韵次序为AABBA，AABC，AABBAC，叠句首次出现于第一段首行的前四个音节，重现于第二段及第三段之末行，所以实际上只有两个韵。英国诗人之中，史云朋常用此体之变体回旋诗（rondel）；达布森（Austin Dobson）也是其中能手，其《告别名誉》(*Farewell, Renown!*）及《在之后的日子里》(*In After Days*）等均极有名。但是此种法国诗体通常仅用以吟咏轻松或俏皮的题材，像麦克瑞这么用来写悲壮的战争的，尚不多见。

这是一首奇诗，作者借阵亡将士之口写出死者身后的情绪、感觉和希望。此诗写于1915年（第一次世界大战之第二年）4月，伊普瑞（Ypres）第二次战役之际；初次刊载于1915年12月8日的《笨拙》(*Punch*）周刊。伊普瑞是比利时西部的小镇，位于连接北海和力士河（R. Lys）的小运河畔，正是佛兰德的地区。牺牲的协约国战士已躺在佛兰德的田里，然而正义未申，魔鬼猖獗，如果活着的战友们不接过真理的火炬和顽敌奋斗到底，则死者虽卧在芬芳的罂粟花下，也将是“死不瞑目”的。云雀的歌声被炮响掩盖，实有象征的意味。火炬象征自由和真理，更是常见的用法了。诗人用死者的感慨来激励生者的勇气，设想奇妙而动人。第一次世界大战期间，从军的诗人描写战争的作品，可以分成两类：一类是初期的浪漫主义，歌颂的是爱国精神和英雄气概，如布鲁克（Rupert Brooke）和麦克瑞的作品便是；另一类是后期的写实主义，以悲天悯人的胸襟非难战争的残酷和人性的堕落，如萨松（S. Sassoon）和欧文（W. Owen）的作品便是。

弗罗斯特[1]

Robert Frost

1874—1963

【导读】 他和世界有过情人的争吵[2]

新英格兰的描写者弗罗斯特（Robert Frost）并不是新英格兰人，于 1874 年 3 月 26 日诞生于西海岸的旧金山。他父亲的原籍是东海岸纽汉普什尔州，曾经做过教员、编辑和小吏，后来迁居旧金山，由于同情南方，竟为这孩子取名为罗伯特·李（Robert Lee，美国南北战争时期南军统帅）。父亲死后，母亲靠教书的收入维持家庭，不久又举家迁回马萨诸塞州劳伦斯镇八代相传的娘家定居下来。他在劳伦斯中学读书时，曾徒步游历南方诸州，帮人做杂工。1892 年，他中学毕业，进了达特默斯学院，但于数月后离校，开始自力更生。1894 年，他的处女作之一在《独立

① 弗罗斯特原译为佛罗斯特。

② 节选自《美国诗选》，题目为编者所加。

者》（*The Independent*）杂志上刊出，当时他才 19 岁。可是在最初的二十年中，他的诗稿绝大多数皆遭退回，登出的不到二十首，但是他始终在默默无闻中努力创作。

1895 年，弗罗斯特和怀特小姐结婚。婚后的四十余年中，她始终是他的批评者与鼓励者。

1912 年，由于夫人的怂恿，弗罗斯特卖掉他荒瘠的农场，带着家人去英国。一到英国，他的文学事业立有转机。

他怀着“凶多吉少”的心情将自己的抒情诗集《男儿的志向》（*A Boy's Will*）投给一家出版商。数月后，《男儿的志向》在伦敦出版了，不久弗罗斯特即被誉为现代诗的新声之一。次年，他的《波士顿以北》（*North of Boston*）问世。至此美国国内的诗坛才开始因大西洋对岸的欢呼而注意弗罗斯特。

1915 年，弗罗斯特回到祖国，批评界认他为美国新诗的领袖而欢迎他。他的作品开始发表在各大杂志；各方都纷纷要求他去讲学、朗诵。荣誉接踵而来：他先后于 1924 年、1931 年、1937 年、1942 年四度得到普利兹诗歌奖；他被四度任命为 Phi Beta Kapp（希腊文“哲学指导人生”之简写）诗人，并荣任安默斯特（Amherst，狄金森之故乡）学院之“驻校诗人”。

他希望自己将来的墓志铭是：“我和世界有过一次情人的争吵。”

马西孙（F. O. Matthiessen）将艾略特和弗罗斯特作一对比，认为艾略特是都市的诗人，而弗罗斯特是自然的诗人；艾略特受霍桑的影响，认识个人主义的弱点，而弗罗斯特受梭罗与爱默森的影响，信仰个人之超越时代。

弗罗斯特的影响仅局限于英美，不像艾略特的影响遍及国际诗坛。尽管他强调个人的超越，弗罗斯特仍是民族的诗人。只要看他四度获得普利兹诗歌奖而始终未得诺贝尔奖，就可以看出来此中消息。

马西孙认为他和艾略特是现代美国诗的两大中心。可是这两个中心是迥然不同的，我们只知道，一个像漩涡，卷进一切又吐出一切，一个像山峰，矜持地孤独而且冷静地高。

STOPPING BY THE WOODS ON A SONWY EVENING

Whose woods these are I think I know.
His house is in the village though;
He will not see me stopping here
To watch his woods fill up with snow.

My little horse must think it queer
To stop without a farmhouse near
Between the woods and frozen lake
The darkest evening of the year.

He gives his harness bells a shake
To ask if there is some mistake.
The only other sound's the sweep
Of easy wind and downy flake.

The woods are lovely, dark and deep.
But I have promises to keep,
And miles to go before I sleep,
And miles to go before I sleep.

雪夜林畔小驻

想来我认识这座森林，
　林主的庄宅就在邻村，
却不曾见我在此驻马，
　看他林中积雪的美景。

我的小马一定颇惊讶：
　四望不见有什么农家，
偏是一年最暗的黄昏，
　寒林和冰湖之间停下。

它摇一摇身上的串铃，
　问我这地方该不该停。
此外只有轻风拂雪片，
　再也听不见其他声音。

森林又暗又深真可羡，
　但我还要守一些诺言，
还要赶多少路才安眠，
　还要赶多少路才安眠。

赏析

《雪夜林畔小驻》是现代英语诗中公认的短篇杰作。此诗之难能可贵，在于意境含蓄，用语天然，而格律严谨。意境则深入浅出，貌似写景，却别有寓意。弗罗斯特曾谓一诗之成，“兴于喜悦，而终于彻悟”，验之此诗，最可印证。诗中的用语纯净而又浑成，没有一个字会难倒学童，原文的 107 个字里，单音字占了 89 个，双音字 17 个，三音节的字只有 1 个。这在英语现代诗中，是极为罕见的。至于格律，用的是“抑扬四步格”，这倒并不稀奇。奇的是韵脚的排列——每段的第一、第二、第四行互押，至于第三行，则与次段之第一、第二、第四行遥遥相押，如是互为消长，交错呼应，到了末段又合为一体，四行通押。这样押韵本来也不太难，难在韵脚都落得十分自然，略无强凑之感。由于这些缘故，这首诗要译成中文，颇不容易。

要欣赏这首诗，至少有三个层次。第一个层次是纯田园的抒情诗，写景之中略带叙事，有点中国古典诗的味道。第二个层次则是矛盾与抉择，焦点已从田园进入人生了。所谓矛盾，是指流连美景与奔赴盟约之不可得兼，人虽有亲近自然之愿，却无法自绝于社会；所谓抉择，是指诗人领略雪景之后，终于重上征途，回到人间。这样的结尾，和李白的“人生在世不称意，明朝散发弄扁舟”恰恰相反，倒有一点儒家的精神。提醒诗人勿忘人间事的，是忠诚而勤劳的小马。我认为诗中的“驻马”其实是停下马车，因为第三段首行的原文是 He gives his harness bells a shake，所谓 harness 乃指马匹拖车时所配之皮带等器具。所以小马正是责任在身的象征。人当然比马复杂：

既耽于自然之美，又凛乎人间之责；所谓人生原来就是矛盾之中的抉择。

至于第三个层次，则朝象征更推进了一步，其中的抉择，竟是生死之间了。这首诗写于1923年，当时弗罗斯特的创造力正达巅峰，诸如《火与冰》《斧柄》《磨石》《保罗之妻》等名作都是同一年的产品。但这时诗人已经49岁，人生忧患，认识自深。饱经沧桑的人难免有时厌世，或生飘然引去之心。细读此诗，当可发现处处有死亡的投影——又暗又深的森林固有死之神秘，冰冻的湖泊更含死之坚冷，时间又是一年之中最暗的黄昏，而诗人的马车竟在寒林与冰湖之间停下，死亡的气氛真是逼人而来。有人也许会说，森林原是植物界生命的宏大展现，湖水也是水族生命之所托，怎能说成死亡的象征？此话不错，但诗中的森林已被雪封，湖水也已冰冻，除却风雪之声，万籁都已沉寂了。诗人至此，竟然徘徊而不忍去，真像迷恋死亡了。但是，听啊，一声铃响打破了四周的死寂，且唤醒诗人，他在人间尚有许多任务，许多未了之缘。铃，在这幅雪景之中，是唯一的“非自然”产品，铃声正暗示百工协力的人间。于是诗人重上征途，准备在“安睡”（自然之寿终）之前完成自己的任务。东坡词《临江仙》后半阕“长恨此身非我有，何时忘却营营？夜阑风静縠纹平，小舟从此逝。江海寄余生”恰与弗罗斯特此诗意趣相反。弗氏晚年的名作《请进》与此诗颇有相通之处。

［瑞士］瓦尔德马·芬克《在晚上回家的路上》

FIRE

AND

ICE

Some say the world will end in fire ,
Some say in ice .
From what I've tasted of desire
I hold with those who favor fire.
But if it had to perish twice ,
I think I know enough of hate
To say that for destruction ice
Is also great
And would suffice.

［英］爱德华·罗伯特·休斯《疲惫的月亮》

火与冰

有人说世界将毁灭于火，
　有人说毁灭于冰。
根据我对于欲望的体验，
　我同意毁灭于火的观点。
但如果它必须毁灭两次，
　则我想我对于恨认识之深
可说论毁灭，冰
　也同样伟大，
冰来也行。

华莱士·史蒂文斯

Wallace Stevens

1879—1955

【导读】 无上的虚构[1]

华莱士·史蒂文斯（Wallace Stevens）在美国现代诗坛上，是属于弗罗斯特、桑德堡、林赛一辈的人物，可是他对现实的处理，不像他的同伴那样直接，而他的成名，也比同伴为晚。其实史蒂文斯一直和诗坛保持相当的距离，正如他的诗和现实之间也保持适度的距离一样。他的生活方式，和迪伦·托马斯的截然相反。1879 年 10 月 2 日，他诞生于宾夕法尼亚州的里丁城。他是法律系的学生，毕业于哈佛大学和纽约大学的法学院。1904 年，他在纽约市开始律师行业，直到 1916 年；然后迁去康涅狄格州的哈特福德，进入哈特福德保险公司工作。他和夫人及一个女儿从此一直住在该城，以迄逝世；1934 年，他升任那家保险公司的副总经理。史蒂文斯视写作为纯然私人的兴趣，因此终身不与文学界人士往还。

在美国现代诗坛，史蒂文斯的风格至为特殊。一个保险公司的高级职员，在远离纽约文艺界的一个小镇上，将自己的名字写进文学史，真是不可思议的事情。史蒂文斯既无所攀附于任何宗派，更不与艾略特、奥登一脉的正统唱和，在一个向诗索取社会意义的时代，他竟断然宣称："诗就是诗，而诗人的目标就是将诗完成。"这些，加上他对自己风格持续不懈的追求，对于"成熟且探讨得至为贯彻的一种单纯的形式或意境"的向往，都是使史蒂文斯迟迟未成名的原因。他去世的前一年才得到普利策诗奖。

在本质上，史蒂文斯是一位冥想的诗人，一位极具美学敏感的哲人。在美好的世界之中，他的感官欣然开放，向一切外界的繁富经验，但是，有异于意象派诗人的耽于官能经验，唯五光十色之为务，他恒企图在缤缤纷纷的意象之中，理出一种高度的秩序。在这方面，他的艺术手腕很接近现代艺术的大师，如毕加索、布朗库西、蒙德里安等富于秩序感的心灵。然而史蒂文斯并不是一个遁世的艺术至上论者，只是他与现实的关系和观察现实的角度，与一般现代诗人甚为不同罢了。

史蒂文斯的诗，接近纯粹艺术，富于形而上的意味，颇不易解。艾略特和庞德的诗也难懂，可是读者可以乞援于典故的注释或学说的研讨；至于史蒂文斯的诗，其晦涩处，只有靠悟性去澄清。可能因为史蒂文斯是律师出身，他在用字方面最求精确，往往下一个字眼，既使用它的本义，也动员它繁富的引申义。这当然不是一般粗心或浅俗的读者所易欣赏的。好在他的句子，在文法结构上至为严谨，不像迪伦·托马斯的那样难以捉摸。除了意象外，史蒂文斯的节奏和音韵也是值得注意的。他的句子类皆清畅明快，节奏活泼生动，音韵的呼应扣得很紧，音调的疾徐收放变化很快，长音和短音间隔得也很恰当。他的句子，显露出作者对字和词本身具有一份

① 本文略有删节。

感官上的喜爱和对于语言的高度控制力。他的诗，在字面上，往往构成一种清纯得近乎抽象的美。

相对于叶芝、艾略特等的象征主义，美国的一些诗人主张诗应该处理事物的本身而且正视我们周围美好的自然世界，不应面对事物而念念不忘它们在文化上所代表的意义。例如一朵玫瑰，除了“象征”爱情和青春以外，还有它本身的生命和价值，可以成为诗的对象。这种诗观，颇接近现代绘画（例如立体主义的静物）的精神。论者称之为“客观主义”（Objectivism），意谓这一派作品企图将诗从主观意识的象征作用及文化联想中解放出来。威廉姆斯、玛丽安·摩尔、史蒂文斯，都是这一派的主要人物。

［佛兰德斯］彼得·保罗·鲁本斯《苏珊娜与长老》

PETER QUINCE AT THE CLAVIER

I

Just as my fingers on these keys
Make music, so the self-same sounds
On my spirit make a music, too.

Music is feeling, then, not sound;
And thus it is that what I feel,
Here in this room, desiring you,

Thinking of your blue-shadowed silk,
Is music. It is like the strain
Waked in the elders by Susanna;

Of a green evening, clear and warm,
She bathed in her still garden, while
The red-eyed elders, watching, felt

The basses of their beings throb
In witching chords, and their thin blood
Pulse pizzicati of Hosanna.

II

In the green water, clear and warm,
Susanna lay.
She searched

彼得·昆士弹小风琴

一

正如我的手指在这些键上
　创造音乐，同样的声响
在我的心灵也产生乐音。

　音乐是感觉，所以，非声响；
所以，我现在的感觉，
　在这间房里，感觉需要你，

想念你那蓝影子的绸衣，
　就是音乐。就像苏珊娜
在两叟心中唤醒的旋律。

　绿阴阴的暮色，清澄而温暖，
沐浴在寂寂的园中，浑然不知
　有两叟睁红睛偷窥，且感到

他们的生命有低音在震颤
　蛊人的和弦，单薄的血
弹动以指拨弦的颂诗。

二

在绿水中，清澄而温暖，
　躺着苏珊娜。
她搜寻

The touch of springs,
And found
Concealed imaginings.
She sighed,
For so much melody.

Upon the bank, she stood
In the cool
Of spent emotions.
She felt, among the leaves,
The dew
Of old devotions.

She walked upon the grass,
Still quavering.
The winds were like her maids,
On timid feet,
Fetching her woven scarves,
Yet wavering.

A breath upon her hand
Muted the night.
She turned—
A cymbal crashed,
And roaring horns.

III

Soon, with a noise like tambourines,
Came her attendant Byzantines.

They wondered why Susanna cried
Against the elders by her side;

And as they whispered, the refrain
Was like a willow swept by rain.

Anon, their lamps' uplifted flame
Revealed Susanna and her shame.

And then, the simpering Byzantines
Fled, with a noise like tambourines.

IV

Beauty is momentary in the mind—
The fitful tracing of a portal;
But in the flesh it is immortal.

The body dies; the body's beauty lives.
So evenings die, in their green going,
A wave, interminably flowing.
So gardens die, their meek breath scenting

温泉的摩挲，
而且发现
隐秘的幻想。
她叹息，
为如许旋律。

在岸上，她立着，
在凉凉的
焚余的感情。
她感到，在叶间
有露水
老耄的虔敬。

她步过草地，
仍然颤抖，
晚风如众婢，
怯怯移步，
取来她的披巾
犹自飘浮。

一口气吹在她手上，
惊噤了夜色。
她转过身去——
一声钹的猝击，
铜号齐吼。

三

立刻，铿铿然如小手鼓，
奔来她拜占庭的众女奴。

她们奇怪，怎么苏珊娜在哭，
对身畔的两叟她怎么在控诉；

女奴们窃窃语，那叠句
就像柳树扫过了风雨。

接着，她们擎起的灯焰
照亮苏珊娜和她的羞颜。

于是拜城痴笑的众女奴
遁去，骚然如敲击小手鼓。

四

美只是刹那存在于心灵——
间歇地追溯，追溯一扇门；
但美是永恒，在血肉之身。

肉体死去，肉体的美留存。
是以黄昏死去，逝在绿中，
一涌波浪，无尽止地流动。
是以花园死去，柔驯的气味

The cowl of winter, done repenting.
So maidens die, to the auroral
Celebration of a maiden's choral.
Susanna's music touched the bawdy strings
Of those white elders; but, escaping,
Left only Death's ironic scraping.
Now, in its immortality, it plays
On the clear viol of her memory,
And makes a constant sacrament of praise.

染香冬之僧衣，结束了忏悔。
是以众姝死去，应和少女
灿灿而颂的一阕圣曲。
苏珊娜的音乐拨弄白发的两叟，
拨弄他们的淫欲之弦；但它逃遁，
仅留下死亡那嘲讽的刮磨之声。
今日，在不朽之中，她的音乐
奏起她记忆的清晰琴音，
形成圣洁的赞美，永永不灭。

赏析

苏珊娜（Susanna）是《旧约》“次经”（Apocrypha）中所载约基姆（Joachim）之妻。希伯来二长老窥见她沐浴，欲加诱奸，但为她所拒，且受她控告。二叟反诬苏珊娜有意诲淫，司法不察，竟判苏珊娜死罪。将就刑，先知但以理（Daniel）白女之贞，有司改戮二叟。彼得·昆士（Peter Quince）原是莎士比亚喜剧《仲夏夜之梦》中一角色，此处史蒂文斯似乎用他作一个虚构人物，说他想念一个女人，情为之热，遂在小风琴上即兴弹奏，诉述苏珊娜的故事。

本诗仿交响曲结构，分为四个乐章：首章从容不迫陈述主题；第二章沉思而慢；第三章谐谑而快；末章庄重反复，作一总结。

［意大利］丁托列托《浴后苏珊娜》

蒂斯代尔[1]

Sara Teasdale

1884—1933

【导读】 浪漫主义的自怜与伤感[2]

蒂斯代尔（Sara Teasdale），1884 年 8 月 8 日生于密苏里州的圣路易城，并在当地读书。毕业后，她去欧洲和近东游历，但同时怅然怀念美国；可是回国后却又心情不定。诗人林赛（Vachel Lindsay，大她五岁）爱上了她，狂追她。她虽亦有意接受，却被林赛的狂热作风和怪癖所吓退。30 岁那年，她嫁给商人费尔辛格（Ernest Filsinger），两年后随丈夫迁去纽约。她的丈夫对她很爱护，可是她性格孤僻，情绪不宁，身体也羸弱多病；后来竟离夫独居，俨如老处女。婚后第十五年，她去雷诺（Reno），取得离婚证书。两年后（1931 年），林赛饮来沙尔自杀而死，益增蒂斯代尔的悲痛。她生了一场肺炎，健康一落千丈，复患精神崩溃症，她于 1933 年 1 月 28 日去世，一说她溺死于纽约寓所的浴缸中。

蒂斯代尔是一位抒情诗人。她的诗集有《赠杜斯的十四行集》（*Sonnets to Duse*），《特洛伊的海伦》（*Helen of Troy*），《万流归海》（*Rivers to the Sea*），《恋歌》（*Love*

Songs)，《火焰与阴影》(*Flame and Shadow*)，《月朔》(*Dark of the Moon*)，《奇异的胜利》(*Strange Victory*) 等。此外，她还编过两个选集，《回答的声音》(*The AnsweringVoice*) 和《彩虹金》(*The Rainbow Gold*)，前者是一百首女诗人的恋诗，后者是儿童读物。

蒂斯代尔早期的作品颇耽于官能的感受，中年以后则多凄凉冷寞之作；她的第一本诗集出版于她 23 岁那年，而最后的集子则出版于她逝世的那一年。她的诗大都是属于传统的作品。在内容上，它未能完全免于浪漫主义的自怜和伤感：年华的消逝，爱情的幻灭，往事的追抚，湖上的睡莲，墓中的预想，等等，是她主要的题材。她的意象颇有玄学派诗人(metaphysical Poets) 的倾向。例如她的《水晶球的透视者》(*The Crystal Gazer*) 一首的末段：

①蒂斯代尔，原译萨拉·蒂丝黛儿。
②本文选自《美国诗选》，题目为编者所加。

我将端坐如预言女巫，久久地凝神，
守望未来的来临和现在的消逝——
以及小小的画面的变换，看人们
在渺小的自大中来去疾驰。

这一段可以和韦利夫人 (Elinor Wylie) 的名诗《现在不要让满怀慈悲的希望》(*Now Let No Charitable Hope*) 的末段参照而读。其实，我想，这两首诗都是脱胎自韩黎 (W. E. Henley) 的《不屈》(*Invictus*)。只是蒂斯代尔的意象既不如韦利夫人的突出而大胆，她的感情也不如密莱女士 (E. St. V. Millay) 那么丰沛而强烈。她没有前者的韵致和后者的气势，也没有前者的反叛精神与后者的放浪作风。可是她的诗比较温柔而含蓄。诗人贝尼（W. R. Benet）谓她的诗善于创造情调和气氛。她在给一个朋友的信中写道："诗人应该企图使自己的诗具有一种火焰的安详的敏捷，如此读者在读此诗时才会感受而不假思索。可是事后思索自然会来到。"在格局上，她的诗恒给人以"轻巧"的感觉。在形式上，她的诗是保守的，几乎毫无改革，她所采用的四行体押韵的长短句委实太缺乏活力；她的十四行也比不上韦利夫人和密莱女士。她的诗节奏太平板，没有悬宕，也没有奔放，更谈不上变化。我们敢于肯定地说：蒂斯代尔绝对不是大诗人，甚至不是一流的女诗人。

个别的作品中以《春夜》（*Spring Night*），《我不会关怀》（*I Shall Not Care*），《睡莲》（*Water Lilies*），《水晶球的透视者》，《八月之夜》（*August Night*）等较为杰出。《春夜》中的两行：

倒映的灯火像沉落的金剑，
闪动而且摇晃。

是很突出的意象，令人想起亚瑟王临终时命贝地维尔爵士掷剑于湖底的一幕。《我不会关怀》一诗如出自女性的霍思曼（A. E. Housman）之手。《睡莲》颇有象征之意味。另一首《飞翔》（*The Flight*），坚实而活泼，很像韦利夫人的诗。

［英］阿瑟·休斯《别忘了我》

LET IT BE FORGOTTEN

Let it be forgotten, as a flower is forgotten,
Forgotten as a fire that once was singing gold.
Let it be forgotten forever and ever,
Time is a kind friend, he will make us old.

If anyone asks, say it was forgotten
Long and long ago,
As a flower, as a fire, as a hushed footfall
In a long-forgotten snow.

忘掉它

忘掉它，像忘掉一朵花，
　像忘掉炼过纯金的火焰，
忘掉它，永远，永远，时间是良友，
　他会使我们变成老年。

如果有人问起，就说已忘记，
　在很久，很久的往昔
像朵花，像把火，像只无声的脚印
　在早被遗忘的雪里。

NIGHT SONG AT AMALFI

I asked the heaven of stars
What I should give my love—
It answered me with silence,
Silence above.

I asked the darkened sea
Down where the fishers go—
It answered me with silence,
Silence below.

Oh, I could give him weeping,
Or I could give him song—
But how can I give silence,
My whole life long?

亚玛儿菲夜曲

我仰问繁星的夜空，
　我应赠情人什么——
夜空答我以沉默，
　上界啊寞寞。

我仰问昏暗的大海，
　海上有渔人奔波，
大海答我以沉默，
　下界啊寞寞。

哦，我也能赠他哭泣，
　我也能赠他悲歌——
可是我怎能终身
　赠他以沉默？

【注解】

亚玛儿菲（Amalfi）是意大利南部海岸的小城，有人说是全世界最浪漫蒂克的地点。

[英] 爱德华 · 罗伯特 · 休斯《暮光之城的幻想》

庞德

Ezra Pound

1885—1972

【导读】 现代主义的大师兄[1]

事实上，英国的所谓现代诗，大半是由美国人促成而且领导的。1908 年，一个美国的小伙子闯进了伦敦的文学界，以他的诗才、博学、语言的知识和坚强的个性，激发了同侪与先辈的现代敏感和革新文字的觉醒。叶芝终于能从前拉斐尔主义的梦幻与爱尔兰神话的迷雾中醒来，一半是庞德淬砺之功。庞德在伦敦住了十二年，俨然成为美国前卫文艺派驻欧洲的代表，即称他为现代主义的大师兄也不为过。1915 年，他最得力的后援抵达伦敦，那便是艾略特。

① 节选自《天真的歌》，题目为编者所加。

[法]克劳德·莫奈《海滨公园打伞的女子》

THE GARDEN

Like a skien of loose silk blown against a wall
She walks by the railing of a path in Kensington Gardens,
And she is dying piece-meal
of a sort of emotional anaemia.

And round about there is a rabble
Of the filthy[1], sturdy, unkillable infants of the very poor.
They shall inherit the earth.
In her is the end of breeding.
Her boredom is exquisite and excessive.
She would like some one to speak to her,
And is almost afraid that I
will commit that indiscretion.

花　园

像一绺散了的丝线吹在墙上，
　她走着，沿着坎辛顿园中幽径的栏杆，
她正零零星星地死去，
　为了一种感情的贫血症。

而四周，蠢蠢然正有一群
　龌龊、结实、杀也杀不死的赤贫的孩子。
他们将继承这世界。
　好教养到她就为止。
她的无聊感好精致好过分。
　她好想有个人能对她说话，
而又几乎担心我
　会做出这件冒失的事情。

赏 析

坎辛顿（Kensington）在伦敦西郊。坎辛顿花园与海德公园相邻。这是一首可以代表意象主义的绝妙小品。末行的“这件冒失的事情”，指前面所说“有个人能对她说话”。

IN A STATION OF THE METRO

The apparition of these faces in the crowd;
Petals on a wet, black bough.

[挪威]爱德华·蒙克《工人们在回家的路上》

地铁车站

人群中，这些面孔的鬼影；

潮湿的黑树枝上的花瓣。

［挪威］爱德华·蒙克《忧虑》

缪尔

Edwin Muir

1887—1959

【导读】 感恩的负债人[1]

20 世纪苏格兰最杰出的诗人兼翻译家缪尔，诞生在苏格兰东北外海的奥克尼群岛（The Orkneys）。小时候，他一直在岛上念书，牧歌式的田园风味给他的印象很深。后来他随家人迁去格拉斯哥的贫民区，少年生活颇不快乐。工业大城的乌烟瘴气和外岛的清静岁月所形成的对照，日后成为他《自传》（*An Autobiography*）中萦心不去的主题，在长诗《迷宫》（*The Labyrinth*）里也以寓言的手法出现。

在艰苦的环境中，缪尔努力自修，学会了德文，深受尼采和海涅的影响。1919 年，他和精通德文的威拉·安德森结婚，定居伦敦，靠翻译和书评维生。1921 年至 1928 年间缪尔偕夫人漫游欧洲大陆，同时渐渐在国内成名，以诗、小说、批评、翻译闻于文坛。英国读者之接触卡夫卡，始于缪尔夫妇合译的《审判》和《城堡》。1945 年，第二次世界大战甫告结束，缪尔奉派去捷克的首都布拉格，担任英国文化协会的工作，历时三年，又于 1948 年去罗马的同一机构任职两年。1955 年，任哈佛大学诺顿讲座教授（Charles Eliot Norton Professor）一年。

缪尔有好几首杰出的政治诗，例如用无韵体写的《好镇市》（*The Good Town*）和后面的《审问》（*The Interrogation*），都可以列入所谓冷战的年代最佳的政治文学。《好镇市》中对恐怖统治的描写，人性压抑的分析，直追乔治·奥威尔的小说。《审问》一诗则表现了现代人民面对集权官僚制度的无依无助。这原是卡夫卡小说中典型的主题，但加上缪尔的布拉格经验和西柏林围墙的阴影，更显得切题而突出。诗中的意境似真似幻，由于不具地方色彩和现实的细节，更提升到了寓言的境界。

缪尔虽然关心政治与社会，他在诗中却企图在当代的时事和纷争之外，追寻更深的原型的神话和象征。他的最佳作品时或充溢悲哀的情绪，但篇终往往恢复安详与平静，在纷纭的故事背后呈现永恒的寓言。诸如《禽兽》（*The Animals*）、《负债人》（*The Debtor*）、《马群》（*The Horses*）等诗，都呈现一种神秘感和《圣经》式的庄严。在《负债人》中他说：

① 本文略有删节。

> 我是负债人，对一切；对一切我感恩，
> 对人和兽，季节和冬至夏至，黑暗和光，生和死。

这种胸怀属于基督教的先知和温柔敦厚的传统主义者，虽然不如叶芝的遒劲或布莱克的饱满，却能寓沉毅于和平，另有一种不移不拔的精神。

在诗体上，缪尔兼工句短而分段的格律诗和大起大伏的无韵体（blank verse）。以后有暇，当译介缪尔更多的作品于国内的文坛。在英美现代诗坛，缪尔的辈分与艾略特、庞德等人相当，但在诗风上独来独往，很少受到国际上所谓现代主义运动的影响。这样的独行侠实在不多，远居西班牙的格雷夫斯（Robert Graves）是另一例外。这种我行我素的作风，说明了缪尔的诗何以成名最晚。实际上，缪尔自己出道也较迟，他的重要诗集《迷宫》直到1949年才出版，那时他已经62岁了。缪尔的诗名在其身后有增无减，显然已通过了时间的考验。1963年，奥斯卡·威廉姆斯把他收进《英国大诗人选集》（*Major British Poets*）；1970年，桑德斯、纳尔逊、罗森塔尔三人合编的《英美重要现代诗人》（*Chief Modern Poets of Britain and America*）也列了缪尔的作品。1973年，再版的《世界文学读者手册》（*The Reader's Companion to World Literature*）这样介绍缪尔："尽管他的声名不是天下皆闻，他却是一位重要的诗人与卡夫卡小说的译者。他的诗异常优美而纯净，艾略特说缪尔在'有话要说的时候，几乎在毫不经意之间就找到了恰如其分的一字不易的说法'。"

缪尔的散文也颇有地位，他的《自传》读者甚多。哈拉普英国名著版的《现代散文选集》（*A Book of Modern Prose: Harrap's English Classics*），十四家散文之中便列了缪尔《自传》的一节。真希望国内的翻译高手能译出这部《自传》，因为此书不但是一部散文佳作，也有助我们于了解缪尔写诗的背景。

［法］让·弗朗索瓦·米勒《马》

THE HORSES

Barely a twelvemonth after
　The seven days war that put the world to sleep,
Late in the evening the strange horses came.
　By then we had made our covenant with silence,
But in the first few days it was so still
　We listened to our breathing and were afraid.
On the second day
　The radios failed; we turned the knobs; no answer.
On the third day a warship passed us, heading north,
　Dead bodies piled on the deck. On the sixth day
A plane plunged over us into the sea. Thereafter
　Nothing. The radios dumb;
And still they stand in corners of our kitchens,
　And stand, perhaps, turned on, in a million rooms
All over the world. But now if they should speak,
　If on a sudden they should speak again,
If on the stroke of noon a voice should speak,
　We would not listen, we would not let it bring
That old bad world that swallowed its children quick
　At one great gulp. We would not have it again.

马　群

催眠全世界的那场七日战争
　爆发后才十二个月，
迟暮时分，来了那奇异的马群。
　那时，我们和静谧早生了默契，
但起初那几天那样死寂，
　听着自己的呼吸都害怕。
开战第二天，
　收音机全失灵；扭动开关；没有下文。
第三天有艘军舰驶过，航向北方，
　尸体堆叠在甲板上。第六天，
一架飞机掠过头顶，冲进了海波。之后
　只剩下虚无。收音机全哑掉，
却依然守在厨房的角落，
　也许还守在百万间房里，全都开着，
在世界各地。但现在即使它们要开腔，
　即使忽如其来它们要开腔，
即使钟敲正午时一个声音要开腔，
　我们也不愿意听，不愿意让它召回
巨口一咽，刹那就吞下自己子子孙孙的
　从前那坏世界。我们不愿再召回。

Sometimes we think of the nations lying asleep,
Curled blindly in impenetrable sorrow,
And then the thought confounds us with its strangeness.
The tractors lie about our fields; at evening
They look like dank sea-monsters couched and waiting.
We leave them where they are and let them rust:
"They'll molder away and be like other loam."
We make our oxen drag our rusty plows,
Long laid aside. We have gone back
Far past our fathers'land.
And then, that evening
Late in the summer the strange horses came.
We heard a distant tapping on the road,
A deepening drumming; it stopped, went on again
And at the corner changed to hollow thunder.
We saw the heads

时或，我们想起列国都沉睡，
　在紧闭的忧伤里蒙蒙蜷伏，
那想法多怪异，令人心乱。
　拖拉机散布在田里；一到黄昏
就潮湿像海妖偃卧在窥伺。
　我们才不去理会，让它锈掉：
“会烂掉的，像所有的泥土。”
　久弃不用的锈犁，我们用牛
来曳耕。我们已经走回头，
　越过先人的田地。
　　　　　　　终于那天黄昏，
　那年夏末，来了那奇异的马群。
先听见一阵遥远的轻叩敲着大路，
　然后更沉更重的捶打；停住，又响起，
到转角的地方，变成深邃的雷霆。
　我们看那许多马头

Like a wild wave charging and were afraid.
We had sold our horses in our fathers' time
To buy new tractors. Now they were strange to us
As fabulous steeds set on an ancient shield.
Or illustrations in a book of knights.
We did not dare go near them. Yet they waited,
Stubborn and shy, as if they had been sent
By an old command to find our whereabouts
And that long-lost archaic companionship.
In the first moment we had never a thought
That they were creatures to be owned and used.
Among them were some half a dozen colts
Dropped in some wilderness of the broken world,
Yet new as if they had come from their own Eden.
Since then they have pulled our plows and borne our loads
But that free servitude still can pierce our hearts.
Our life is changed; their coming our beginning.

像一排狂潮袭来，令人吃惊。
　父亲那一代家里的马匹早卖掉，
去买新拖拉机。我们看马已陌生，
　像古盾牌上雕刻的神骏，
或是骑士书里的那些插图。
　我们不敢去亲近。马群守望着，
又固执又怕生，像有道古代的命令
　派他们来找寻我们的下落，
和丧失太久的那古老的相爱相亲。
　最初，我们完全没有悟到
这些是可以领来驱遣的生命，
　这里面，还有近半打的幼驹，
残缺的世界里，被弃于荒原，
　却清新如来自他们的伊甸。
从此他们为我们牵犁，负重，
　但那种自由的劳役迄今犹令人心醉。
生命已改观：他们的光临是我们的新生。

赏析

缪尔的这一首《马群》是他的代表作，也是现代诗中罕见的精品。罕见，是因为它不但文字上朴素而自然，主题上也透露出喜悦和希望，不仅仅止于对现代文明的批判。在这首小型的叙事诗里，缪尔的叙述手法干净而且生动。篇首战争的描写着墨无多，却明快深刻。战后的死寂感和等待的悬宕，确够恐怖。这一切，和篇末马群之来的由惊而奇，由奇而喜，而终于在大劫后萌发出的一片感恩与新机，形成分外鲜明的对照。几年前初读这首诗，到马群出现时，即感到一阵奇异的震撼。现在再三读来，虽不若初次猝遇时那么强烈，但感受仍然是深的。

缪尔出生在苏格兰的奥克尼群岛，从小就爱上岛上农家的马，可是这首诗里的马群，除了家畜耕田和负重的实用价值，更有曲传神谕之功，宗教的境界甚高。出现在缪尔作品中的马，总带着一种神话的气氛。就天人合一的境界来说，缪尔和另一位现代诗人迪伦·托马斯，颇可相通。就科学小说的预言说来，这篇浓缩成诗的科学小说，令读者想起温德姆（John Wyndham）和克里斯托佛（John Chrisiopher）的作品。

[法]泰奥多尔·席里柯《野性难驯》

艾略特

T. S. Eliot

1888—1965

【导读】 梦游荒原的华胄[1]

如果我们承认叶芝是20世纪英语世界最伟大的诗人，则另一方面，我们不能不承认，艾略特曾是20世纪最具影响力的诗宗。拥有诺贝尔文学奖和英国的大成勋章，任过剑桥和哈佛的诗学教授，接受了欧洲和美国十几个大学的荣誉博士学位，晚年的艾略特可以说享尽了作家的声名和学者的权威。《简明剑桥英国文学史》将最后一章题名为“艾略特的时代”。到现在为止，讨论他作品及批评的专书专文，已经可以摆满一个书架。翻开有关现代诗的任何英文著作，索引之中，必有他的名字，且必然占据最大的空间。他在美国明尼苏达大学演说的时候，听众超过一万三千人；据说，自希腊的索福克勒斯以来，那是最高的纪录。对于一个诗人来说，这实在不算

① 本文略有删节。

寂寞了。

艾略特的诗并不多产。从1915年在芝加哥《诗》月刊发表的《普鲁弗洛克的恋歌》(*The Love Song of J. Alfred Prufrock*)到1944年的《四个四重奏》(*Four Quartets*),二十多年之中,总产量不过五千行,其中八分之一还是写给儿童看的谐诗。就凭这极少量的创作,艾略特成为世界性的现代大诗人。

1927年,艾略特39岁那年,他归化为英国子民,而且皈依英国国教。他的诗,无论在思想还是风格上,皆可以这种转变为分水岭。早期的诗,以《荒原》为代表作,从《普鲁弗洛克的恋歌》到《空洞的人》(*The Hollow Men*),大致上皆以现代西方文化的衰落为主题,表现第一次世界大战后现代西方人在精神上的干涸:日常生活因欠缺新生的信仰而丧失意义与价值,性不能导致丰收,死亡不能预期复活。艾略特似乎梦游于欧洲文化的废墟上,喃喃地自语着一些不连贯的回忆和暧昧的欲望。不过评价极高、讨论最多的《荒原》,似乎不是一首完整而统一的杰作,晚近的批评对它渐渐表示不满。以片段而言,《荒原》不乏令人赞赏的残章,但整首诗给人的感觉是破碎且杂乱的,同时用典太繁,外文的穿插也太多。

时间,是艾略特作品中最重要的“萦心之念”。在他的诗中,目前所发生的一切,往往牵连到个人的种种回忆和欲望。回忆是过去,欲望是未来,因此这种纠结将不同的时间(今、昔、未来)压缩在诗的平面上。而织入这一切纠结的图案中的,是个人所属的全文化的背景、宗教、神话、古典文学,也就是说,全民族合做的一个梦。一个有文化修养的心灵,几乎一举一动,都联想到与他个人的经验交融叠现的,已被经验化了的古典意境。

同时，在艾略特的世界里，内在的感情和心境很少直接描述出来；这种情思，往往非常间接地不落言筌地反映在目之所遇耳之所闻感官经验所接触的，外在的事物上面，因此，对于艾略特，外在发生的一串事情，或呈现的一组物象，就形成了内在的某一种情绪。这种平行叠现的连绵不断的发展，相当于小说中处理的意识流。艾略特自称这种手法为“客体骈喻法”（objective correlative）。在这样安排下，他的诗将暗示扩至极大，且将说明缩至极小。这种化主为客，寓主于客的跳越与移位，加上时间的压缩和纷繁的典故，构成了艾略特的“难懂”。可是，由于意象鲜明，节奏活泼，文字精确而敏锐，艾略特的诗恒呈现一种超意义的感官上的透明，往往能使读者在典故和说明之外，得到（或多或少的）纯主观的感受。

然而艾略特对于现代诗人的影响，也不完全健康。他的主知主义（intellectualism）的诗观和诗风，于廓清浪漫主义的末流，扫除伤感的文学方面，曾有重大的贡献，但也无形中矫枉过正，阻碍了年青一代抒情的冲动，以致青年作者落笔时往往故作少年老成心灰意冷之状。于是所谓现代诗，往往成了青年写的老人诗。现代诗在情诗方面的歉收，一大半要归咎于艾略特。另外，艾略特像他的朋友庞德和乔伊斯一样，不但学问渊博，抑且兼通数种文字，因而在作品中引经据典，出古入今，吞吐神话和宗教。一般青年作者趋附成风，但才力不足以驱遣前人遗产，遂演成驳杂破碎的局面。所以迪伦·托马斯一出现，艾略特的地位便开始动摇了。

MR. APOLLINAX

When Mr. Apollinax visited the United States
His laughter tinkled among the teacups.
I thought of Fragilion, that shy figure among the birch-trees,
And of Priapus in the shrubbery
Gaping at the lady in the swing.
In the palace of Mrs. Phlaccus, at Professor Channing-Cheetah's
He laughed like an irresponsible foetus.
His laughter was submarine and profound
Like the old man of the sea's
Hidden under coral islands
Where worried bodies of drowned men drift down in the green silence,
Dropping from fingers of surf.
I looked for the head of Mr. Apollinax rolling under a chair

小亚波罗先生

何等新奇！赫九力士在上，何等矛盾的调和！
斯人也，创意何等高明。——卢先

当小亚波罗先生来访问美国，
他的笑声在众人茶杯里琤琤响起。
我想起佛拉吉连，赤杨林中那害羞的影子，
想起灌木丛中的普赖厄帕斯
张口凝视秋千架上的贵妇。
在佛拉克斯夫人的宫中，鲍张宁教授的寓所，
像一个不负责任的胎儿，他笑呵呵。
他的笑声自海底沉沉传来，
声如海中的老人，
藏在珊瑚的岛底，
是处溺者不安的尸体漂坠，在绿色的静寂，
坠自海涛的手指。
我寻找小亚波罗先生在椅下滚动的头颅。

Or grinning over a screen

　With seaweed in its hair.

I heard the beat of centaur's hoofs over the hard turf

　As his dry and passionate talk devoured the afternoon.

"He is a charming man"—

　"But after all what did he mean?"—

"His pointed ears... He must be unbalanced,"—

　"There was something he said that I might have challenged."

Of dowager Mrs. Phlaccus, and Professor and Mrs. Cheetah

　I remember a slice of lemon, and a bitten macaroon.

或者在一张帘幕上露齿而笑，
　发间飘动着海藻。
我听见人马妖的四蹄在践踏坚硬的草地，
　当他干涩而热情的谈话吞噬着下午。
"他真是好迷人"——
　"他究竟是什么意思？"——
"他的尖耳朵……他一定心理不平衡，"
　"他刚才说的话，有一点我真想质问。"
至于富孀佛拉克斯夫人和鲍教授夫妇，
　我只记得一片柠檬，和一块咬缺的甜饼。

[法]让·奥诺雷·弗拉戈纳尔《秋千》

赏析

本诗原题是“Mr. Apollinax”。Apollinax 的意思是 son of Apollo，故译为“小亚波罗先生”。卢先（Lucian）是 2 世纪希腊散文作家。普赖厄帕斯（Priapus），酒神狄俄尼索斯与爱神阿佛洛狄忒之子，[1] 园圃之神，亦为生殖力之象征，后转为淫神。佛拉吉连和普赖厄帕斯，都是法国 18 世纪画家弗拉戈纳尔[2]（Jean-Honoré Fragonard）名画《秋千》中的角色。鲍张宁教授（Professor Channing-Cheetah）显然是艾略特自撰的复合字：张宁可能指美国唯心论者威廉·埃勒里·钱宁（William Ellery Channing）；至于 Cheetah，原属豹类，故译为谐音的“鲍”。“海中的老人”应指海神普洛丢斯（Proteus）；至于珊瑚岛等意象，又似乎和莎士比亚的《暴风雨》发生联想。第二段第三行想系影射马拉美的《牧神的黄昏》（*Afternoon of a Faun*）。

把张宁和豹连缀在一起而铸成新词，正是艾略特以不类为类的惯技。张宁是文明的，豹是野蛮的；这种结合，正是小亚波罗先生的矛盾特质，因为在本诗中，小亚波罗一方面是害羞而且多智的，另一方面却又粗鲁而野蛮。他的一举一动，都反映在诗中人“我”和宾客的感想之中，且以生动的意象呈现出来。笑和海，是本诗的两个基本意象；把本诗中海的意象和《普鲁弗洛克的恋歌》中海的意象作一比较，将非常有趣。最后的两行说，关于佛拉克斯夫人和鲍教授夫妇，诗中人所留下的印象，只是一片柠檬和一块咬缺的甜饼干而已。也就是说，等于没有什么印象，不过是又一次的酒会罢了。显然，这是一首讽刺诗。

本诗间或用韵，译文未全遵从。

① 狄俄尼索斯，原译戴奥耐塞斯；阿芙洛狄忒，原译阿芙罗黛蒂。

② 弗拉戈纳尔，原译傅拉果纳。

杰弗斯

Robinson Jeffers

1887—1962

【导读】 亲鹰而远人的隐士[1]

“诗是人生的批评。”一个世纪前，阿诺德就如此宣称过。但是诗人们对人生的批评，方式颇不相同。以现代诗而言，奥登、斯彭德的批评，是从生活在大都市的知识分子的角度出发的。叶芝、庞德、艾略特借古喻今，借神话影射现实。卡明斯对社会的批评，是变相的个人主义的自卫。但是另一些诗人，如弗罗斯特和杰弗斯，始终站在自然的那一边，远离现代都市而批评人生。不过弗罗斯特富于同情和耐心，洋溢着生趣和幽默感，对人生只进行一场情人的争执；不像杰弗斯那样厌憎人群，欠缺耐心和幽默感，不像杰弗斯那么粗犷而剽悍，把结论下在前面，而独行其是。在悲观的态度方面，杰弗斯属于哈代和豪斯曼的一群，不同于这两位英国诗人的是，哈代

① 本文略有删节。

在绝望之中仍寓有怜悯，而豪斯曼在无奈之余犹解自嘲，杰弗斯只有超人的轻蔑和不耐。

杰弗斯所以如此，除了自身的气质使然而外，更与早年的教育，晚年的环境有关。据说他的祖先是苏格兰与爱尔兰的加尔文派教徒；他自己则生于宾夕法尼亚州的匹兹堡，父亲是古典文学和神学教授。少年的杰弗斯随父亲去德国和瑞士，一直跟着家庭教师读书，后来才进入瑞士的苏黎世大学。回到美国，他在南加州大学念医学，又去华盛顿州立大学念森林学。

26岁那年，杰弗斯和卡斯特小姐（Una Call Custer）结婚。据说他的夫人对他的影响很大。杰弗斯在1938年出版的《杰弗斯诗选》的“前言”中曾如此说：“我的天性是冷漠而混沌的；她激发它且使它集中，赋它以视觉、神经和同情。与其说她是一个凡人，不如说她更像苏格兰民间叙事诗中的女人，热情，不驯，颇具英雄气质——或是更像一只鹰。”

杰弗斯能挣脱现代诗的晦涩和嚅嗫，能将散文的活力和叙事诗的浩阔注入现代诗中，并以一个冷静而有力的先知之声君临迷失中的美国文明，这些都是他的贡献。但是他欠缺大诗人对人类的热忱和大诗人那种平衡而广阔的心灵，以致信奉尼采而趋极端，与鹰日近，与人日远，竟与人类为敌。这种病态，与庞德的敌视美国一样，是既值得同情又令人深为惋惜的。

ROCK AND HAWK

Here is a symbol in which
   Many high tragic thoughts
Watch their own eyes.

This gray rock, standing tall
   On the headland, where the sea-wind
Lets no tree grow,

Earthquake-proved, and signatured
   By ages of storms: on its peak
A falcon has perched.

I think, here is your emblem
   To hang in the future sky;
Not the cross, not the hive,

But this; bright power, dark peace;
   Fierce consciousness joined with
final
Disinterestedness;

Life with calm death; the falcon's
   Realist eyes and act
Married to the massive

Mysticism of stone,
   Which failure cannot cast down
Nor success make proud.

杰弗斯

Robinson Jeffers

岩石与鹰

［美］约翰·詹姆斯·奥杜邦《鹰（华盛顿的鸟）》

这里是一个象征，象征着
　许多崇高的悲剧思想
狞视着自己的眼睛。

灰白的巨石，矗立在
　海岬之上，在此处，海风
不让任何树生长，

曾受地震的考验，且签上
　几世纪暴风雨的名字，在岩顶
屹立着一座鹰。

我想，这是你的标记，
　悬在未来的天空；
不是十字架，不是蜂巢。

只是这座；光明的力量，黑暗的和平；
　强烈的意识加上最终的
超越一切的冷静；

生命，伴以安详的死；那苍鹰的
　现实主义者的怒目与飞行
联合于这巨伟的

岩石的神秘主义，
　失败无法把它推倒，
成功也不能使它骄傲。

多萝西·帕克[①]

Dorothy Parker

1893—1967

【导读】 足够的绳索

多萝西·帕克（Dorothy Parker）即帕克夫人，本姓罗斯希尔德（Rothschild），生于1893年，是美国的诗人与短篇小说家。她的诗犀利、明快，富于感伤与自嘲的味道，在半世纪前的美国诗坛曾风行一时，从者甚众。那些短短的抒情小品，大半发表于《纽约客》；后来收集在三个集子里：《足够的绳索》《黄昏炮》《死与税》。《挽歌》便是《足够的绳索》的第一首。她的短篇小说《男女之间》见“近代文学译丛”之五，卞铭灏先生译的《爱之谜》。

西班牙内战期间，帕克夫人曾前往任通讯记者。死于1967年。

① 多萝西·帕克，原译帕克夫人。

［英］但丁·加百利·罗塞蒂《白天的梦》

THRENODY

Lilacs blossom just as sweet
Now my heart is shattered.
If I bowled it down the street,
Who's to say it mattered?
If there's one that rode away
What would I be missing?
Lips that taste of tears, they say,
Are the best for kissing.

Eyes that watch the morning star
Seem a little brighter;
Arms held out to darkness are
Usually whiter.
Shall I bar the strolling guest,
Bind my brow with willow,
When, they say, the empty breast
Is the softer pillow?

That a heart falls tinkling down,
Never think it ceases.
Every likely lad in town
Gathers up the pieces.
If there's one gone whistling by
Would I let it grieve me?
Let him wonder if I lie;
Let him half believe me.

挽　歌

丁香花开得照样地芬芳，
　尽管我如今已心碎。
如果我将它抛掷到街上，
　谁会说这关系着谁？
如果有一人骑马而驰去，
　我何必黯然伤神？
有泪水滋味的嘴唇，人说，
　最宜于用来接吻。

守望着晨星的两只眼睛
　似乎比平时有光彩；
伸向黑暗的两条手臂
　通常会比较洁白。
难道我应该拒绝那过客，
　系我的前额以垂柳，
当人人都说空虚的胸脯
　是更加柔软的枕头？

一颗心铿铿然坠下地来，
　别以为它从此就休止。
镇上每一位合适的男孩
　都可以将碎片收拾。
如果有人吹口哨而走过，
　难道我因此会伤心？
让他去猜想我是否说谎，
　让他去半疑半信。

卡明斯

E. E. Cummings

1894—1962

【导读】 拒绝同化的灵魂[1]

卡明斯的作品，大致上可以分成抒情诗和讽刺诗两大类。前者包括一些精美绝伦的情诗和自然诗（poems of nature）。爱情和春天，是卡明斯不断歌颂，不断加以肯定的东西。他肯定爱，因为爱使人自由，且赋生命以意义。他肯定春天，因为春天是活力的起点，也就是自然界的爱。照说在诗的传统之中，这些原是被写得最俗最滥的主题，可是在卡明斯的笔下，爱也好，春天也好，都变得那样美好，那样新，给人“第一印象”的感觉，那爱，恒若初恋，那春天，恒若稚童的第一次经验。最奇怪的是：那样强烈的感情或感觉，所用的表现方式，竟是那样纯净，纯净得近乎抽象之美。反对卡明斯的人，常说他爱玩弄印刷术上的文字游戏。事实上，卡明斯的情诗可以说是现代英美诗中最纯净的艺术品。

1894 年 10 月 14 日，卡明斯生于美国马萨诸塞州的剑桥镇。1916 年，他获得哈佛大学文学硕士学位。当时第一次世界大战方酣，美国尚未介入，卡明斯自动投效诺顿·哈吉士野战救护队，去法国服役。由于法军新闻检察官的误会，卡明斯竟在法国一个拘留站中被监禁了 3 个月。据说当时审讯的法国军官问他："你恨德国佬吗？"卡明斯只要回答说"是的"，就可以释放了。可是他竟说："不，只是我很爱法国人罢了。"这次不愉快的经历，后来记录在他有名的小说《巨室》（*The Enormous Room*）中，成为与《西线无战事》《告别了，武器》等书齐名的一次大战重要文献。

从拘留站出来后，卡明斯立刻加入美国陆军，正式作战。战后，他去巴黎习画，成为一位职业画家，往返于巴黎、纽约之间。同时，他那独创的新诗也渐渐扬名于国际。1954 年，60 岁的卡明斯接受母校哈佛大学的聘请，回去主持极具权威的"诺顿讲座"，发表了六篇"非演说"。1962 年，这位"68 岁的青年诗人"终于告别了这世界。

但是卡明斯并没有真正死去，在他那些永远年轻，年轻得要从纸上跳起来的诗里，没有人比卡明斯更恨死了。对于卡明斯，哀莫大于心死，那些没有心肠没有头脑的人，只是维持"不死"（undead）罢了，并没活着。他说："在一切讲究标准化的时代，要表示个人一己的态度，几乎已无可能。如果有一亿八千万人（指美国人口）要保持'不死'，那是他们的丧事，可是我正好喜欢'活着'。"

卡明斯对于现代诗的贡献是不可磨灭的。无疑地，他是少数可以传后的现代诗人之一。尽管有无数作者模仿他独特的诗风，现代诗坛上并无第二个卡明斯。

① 本文有删节。

BUFFALO BILL'S

Buffalo Bill's
defunct
who used to
ride a watersmooth-silver
Stallion
and break onetwothreefourfive pigeonsjustlikethat
Jesus
he was a handsome man
and what i want to know is
how do you like your blue-eyed boy
Mister Death

野牛比尔小照

野牛比尔

野牛比尔是
死翘翘啦
　　　以前他总是
　　　骑一头　水平银色的
　　　　　　　　　大雄马
打　一二三四五　只鸽子就像那样
　　　　　　　　　　好小子
他可真帅
　　　　我只想问一句
可喜欢你这蓝眼睛的男孩
阎王爷

赏析

野牛比尔（Buffalo Bill）是美国西部有名的向导和枪手，本名是柯地（William Frederick Cody，1846—1917）；他的墓在丹佛郊外山顶，可以俯瞰远近平原，并附设野牛比尔博物馆。1966 年 7 月，我曾游其地。1969 年我去丹佛教书，更常去该处。

[美] 弗雷德里克·雷明顿《西部牛仔》

[法]卡米耶·柯罗《沃尔特拉附近的风景》

SOMEWHERE I HAVE NEVER TRAVELLED

Somewhere I have never travelled,gladly beyond
any experience,your eyes have their silence:
in your most frail gesture are things which enclose me,
or which i cannot touch because they are too near

your slightest look easily will unclose me
though i have closed myself as fingers,
you open always petal by petal myself as Spring opens
(touching skilfully,mysteriously)her first rose

or if your wish be to close me,i and
my life will shut very beautifully,suddenly,
as when the heart of this flower imagines
the snow carefully everywhere descending;

nothing which we are to perceive in this world equals
the power of your intense fragility:whose texture
compels me with the colour of its countries,
rendering death and forever with each breathing

(i do not know what it is about you that closes
and opens;only something in me understands
the voice of your eyes is deeper than all roses)
nobody,not even the rain,has such small hands.

我从未旅行过的地方

我从未旅行过的地方，欣然在
　任何经验之外，你的眼神多静寂：
你至柔的手势中，有力量将我关闭，
　有东西我摸不到，因为它太靠近

你至轻地一瞥，很容易将我开放，
　虽然我关闭自己，如紧握手指，
你恒地一瓣瓣解开我，如春天解开
　（以神秘巧妙的触觉）她第一朵蔷薇

若是你要关闭我，则我和
　我的生命将合拢，很美地，很骤然地，
正如这朵花的心脏在幻想
　雪片啊小心翼翼地四面下降；

世上没有一样感觉能够相当
　你强烈的柔软的力量：你的柔软
有一种质地驱使我，以它的本色，
　形成死亡和永恒，以每一声嘘吸

（我不懂你身上究竟有什么能关闭
　而且开放；我心中有样东西却了解
你双眼的声音比一切蔷薇更深沉）
　没有谁，即使是雨，有这样小的手。

奥登

W. H. Auden

1907—1973

【导读】 诗中的毕加索[①]

奥登（Wystan Hugh Auden），1907 年 2 月 21 日生于英国约克；毕业于牛津，和史班德、麦克尼斯、戴·路易士等是同学。毕业后游柏林，遇心理学家兼人类学家拉耶德（Layard），受其新学说之影响至深。归国后，曾任教师，又曾为影片写诗体的说明。西班牙内战期间，奥登加入了共和党一边，担任担架手和卫生员。奥氏游踪遍欧洲，并曾到过冰岛和中国。1937 年，他荣获英王乔治六世颁发的皇家奖章（the King's Gold Medal）。1938 年秋，奥登移居美国，成为美国公民，或在各大学教课，或在好莱坞工作。奥登之迁美和美国大诗人艾略特之迁英，有如英美诗坛互换大使，至为有趣。第二次世界大战时，奥氏曾参加驻德美军战略轰炸测量队工作，其后并曾短期访英。

① 节选自《英诗译注》，题目为编者所加。

奥登是当代英国最重要、最博学、最多才的诗人。其多产的程度是惊人的：49 岁的奥登已经出版了七本诗集［其中《焦虑的年代》（*Age of Anxiety*）曾获 1948 年普利策诗奖］，三本诗剧［《皮肤下的狗》（*The Dog Beneath the Skin*），《攀登 F6 高峰》（*The Ascent of F6*），《出塞》（*On the Frontier*），均与其友依修吾德合作］，两本游记［其中《战时》（*Journey to a War*），1939 年，系描写中国］和两本选集；至于散见英美各文学杂志的论评和各文学作品的序言，简直不计其数，因此奥氏在批评界也极有地位。其多才而多产的情形，论者曾比之为诗中的毕加索（Pablo Picasso）。

20 世纪原是一个散文化的世纪，其英诗的两大代表诗人——艾略特和奥登——均为智力型的诗人，其主要的态度是现实的而非幻想的，讽刺的而非歌咏的。目前他们所热心研究的是 17 世纪的玄学诗人，假古典的朱艾登和蒲柏，法国的象征派和现代的科学；至于前一时期的浪漫派和维多利亚朝的诗人则受到冷落。奥登是 20 世纪 30 年代英国新诗运动的主将。其渊博的学问，强烈的个性，深邃的智慧以及炉火纯青的技巧对许多青年诗人的影响至为深广。当时这般新诗人（postwar poets）面临战后阴惨的现象——失业，经济崩溃，心灵空虚——勇敢地扬弃了留恋往昔的心情，坚定而全面地正视着人生，并批评之。只是史班德的态度比较激烈，奥登的态度比较冷静。论者每谓奥登迁美后，和他英国传统的牛津背景脱了节，渐渐地避开现实，而趋于抽象，炫学，玩弄投巧。事实上，近日奥登和现实间已有了适度的距离，从昔日政治的观点趋向今日心理的、宗教的观点了。

奥登写诗的技巧极为纯熟。他在形式方面的尝试最为广泛——或短至十余行，或是至千余行；或为散漫的自由体，或为严格的韵文体——受艾略特、欧文、霍普金斯的影响颇深，或谓其诗神似 17 世纪的浪子（Lovelace）。但因技巧太滑，又爱用僻典私事入诗，故其诗亦时病艰奥晦涩，而其人亦时在传统和革新之间徘徊、挣扎。

MUŠEE DES BEAUX ARTS

About suffering they were never wrong,
The old Masters: how well they understood
Its human position: how it takes place
While someone else is eating or opening a window or just walking dully along;
How, when the aged are reverently, passionately waiting
For the miraculous birth, there always must be
Children who did not specially want it to happen, skating
On a pond at the edge of the wood:
They never forgot
That even the dreadful martyrdom must run its course
Anyhow in a corner, some untidy spot
Where the dogs go on with their doggy life and the torturer's horse
Scratches its innocent behind on a tree.

In Breughel's Icarus, for instance: how everything turns away
Quite leisurely from the disaster; the ploughman may
Have heard the splash, the forsaken cry,
But for him it was not an important failure; the sun shone
As it had to on the white legs disappearing into the green
Water, and the expensive delicate ship that must have seen
Something amazing, a boy falling out of the sky,
Had somewhere to get to and sailed calmly on.

艺术馆

说到忍受苦难，他们总是没有错的，
　那些大师们：他们总是那么了解
苦难在人世的地位；苦难降临时，
　总有些不相干的人在进食，或开窗，或仅仅无聊地走过。
当年长的人正虔诚地，热烈地等待，
　等待那奇迹的诞生，总是有一些
孩子们不特别期望它发生，只在
　森林边的池沼上溜冰：
大师们从不忘记，
　即使可怖的殉道也必须在一个角落，
独自进行，在一个零乱的角落，
　其中，狗继续过狗的生活，而行刑吏的马
向一棵树摩擦它无辜的臀部。

在布鲁可[①]的《伊卡洛斯》[②]中，例如，一切何其悠然
　掉头不顾那惨象；那农人可能
听见了水溅之声，和无助的呼喊，
　但是他不觉得那是一次重要的失败；阳光照着，
因为不得不照，那白净的双腿没入绿色的
　海水中，那豪华精致的海舟必然看见了
一幕奇景，一童子自天而降，
　但它必须去一个地方，仍安详地向前航行。

①布鲁可（Brueghel），现通译勃鲁盖尔，这里指彼得·勃鲁盖尔（1525—1569），尼德兰（荷兰）画家。
②《伊卡洛斯》原译《伊卡瑞斯》。

我知道
我终将
面对命运

余光中 译

世界名诗

[意大利] 乔瓦尼·保罗·帕尼尼《古代罗马场景的画廊》

赏析

此地所谓的艺术馆，在比利时的首都布鲁塞尔。佛兰德斯[1]画家彼得·勃鲁盖尔（Pieter Brueghel, ca. 1520—1569）的杰作《伊卡洛斯》（*Icarus*）即悬在其中。伊卡洛斯是雅典工程师代达罗斯（Daedalus）之子。代达罗斯曾犯杀侄之罪，与其子伊卡洛斯逃到克里特岛上，为国王米诺斯建神牛迷宫，但事后被拘在宫中。父子以蜡黏巨翼于肩，自岛上飞遁。伊卡洛斯高翔近日，蜡融坠海而溺，是为伊卡洛斯海。勃鲁盖尔画中一角，只见伊卡洛斯双足没入海中，但其余画面一片安详景色，似置溺者悲剧于不顾。奥登因此借题发挥，说明一切先知的受苦受难，都必须独自默默承担，乞援于世人实在是奢望。

本诗的语气常为批评家所称道。在形式上，这首诗虽也押韵，但感觉上像是一首自由诗，最能表现自然的节奏。译文因此无韵。似乎有两个朋友，刚从艺术馆里看了名画出来，其中的一个甚有感慨，向另一个朋友边走边说先知殉道的意义，说完了便就地取材，拿勃鲁盖尔的这幅名画做印证，娓娓道来，非常逼真、自然，因此也常被收入诗选之中。

① 佛兰德斯，原译佛朗德，欧洲历史地区名，包括今天的法国西北部、比利时西部和荷兰南部。

［荷兰］彼得·勃鲁盖尔《伊卡洛斯》

萨松

Siegfried Sassoon

1886—1967

【导读】 心有猛虎，细嗅蔷薇[①]

萨松（Siegfried Sassoon），英犹（Anglo-Jewish）混血种的英国诗人，1886 年 9 月 8 日出生于富裕的家庭，幼时生活安逸，酷好猎狐，剑桥大学毕业。16 岁即已出版《诗集》（*Poems*），21 岁曾写诗讽刺梅士菲尔。1914 年，第一次世界大战爆发，萨松即加入军队，先后在法国及巴勒斯坦作战，曾因作战英勇，两度受伤，而荣获两种十字奖章，并升为上尉。当时一般诗人对大战抱着两种不同的态度，一种是幻想的、歌颂的，一种是现实的、非难的。前者的代表有布鲁克（Rupert Brooke），后者的代表即萨松和欧文。值得注意的是，萨松和欧文均非懦夫，欧文且以廿八壮年，战死于沙场。他们都亲受战争之苦，知道战争的痛苦和丑恶实远较其光荣成分为多。因此基

① 选自《英诗译注》，题目为编者所加。

于人道的立场，对战争大加非难，而寄其愤慨于诗篇。据说有一次萨松曾经将他的十字勋章鄙夷地投入海中，拒绝继续作战，当时被目为狂，而送入疗养院中。起先，读者们认为这只是诗人受到炮弹的震恐，心理变态所致，但是当人们开始深深地感受到大战的残酷时，广大的读者便渐对他们的作品表示同情和欣赏。

此时，萨松出版了两本诗集：《老猎人》（*The Old Huntsman*）和《反攻》（*Counter-Attack*），其反战描写之激烈震惊了欧美的诗坛，例如《梦者》（*Dreamers*）一诗即有句云：

我目睹他们在洞里，被老鼠噬咬，
或是给雨水鞭打，在残败的战壕。

战后，布鲁克、欧文、索雷（Charles Hamilton Sorley）、罗森堡（Isaac Rosenberg）、雷德威济（Francis Ledwidge）和托马斯（Edward Thomas）等青年诗人均已物故，萨松成为余下的战士诗人（war poets）中最重要的一位。他开始出版自传《猎狐人回忆录》（*Memoirs of a Fox-Hunting Man*），《步兵军官回忆录》（*Memoirs of an Infantry Officer*）和《旧世纪和七年》（*The Old Century and Seven More Years*）等，并开始以抒情诗、反战诗和讽刺英国上流社会的作品驰名于文坛。1928 年，萨松出版诗集《心旅》（*The Heart's Journey*），集中作品的风格迥异于前；至此诗人痛定思痛，心灵已经得到休息，创伤也已痊愈，正面的、肯定的、本质的萨松得到了充分的表现。其中第八首第二段第四行的名句“我心里有猛虎在细嗅蔷薇”（In me the tiger sniffs the rose）充分地表现出萨松内心（也就是普遍的人）刚柔两面的对照；霍济孙（Ralph Hodgson）推其为 1928 年英诗最佳的一句，我曾于四十一年（1949 年）冬天在《中央副刊》写过一篇题名《猛虎和蔷薇》的散文，加以详尽地阐述。日本学者斋藤勇认为“猛虎”象征情欲或残暴，“蔷薇”象征爱或美，我则认为“猛虎”象征性灵阳刚的一面，而“蔷薇”则象征其阴柔的一面。

EVERY ONE SANG

Every one suddenly burst out singing;
　And I was filled with such delight
As prisoned birds must find in freedom
　Winging wildly across the white
Orchards and dark green fields; on; on;
　and out of sight.

Every one's voice was suddenly lifted,
　And beauty came like the setting sun.
My heart was shaken with tears, and horror
Drifted away...O, but every one
　Was a bird; and the song was wordless; the
singing will never be done.

〔荷兰〕彼得·勃鲁盖尔《围着五月柱欢快起舞》

大合唱

每个人忽然迸出了歌声；
　　于是我心里充满了欢畅，
像笼中的小鸟重获自由，
　　疯狂一般地扑动着翅膀，
飞过那洁白的果园，浓绿的田野，飞哟，飞哟，
　　直飞向看不见的远方。

每个人忽地提高了歌声，
　　于是美降临，像是落日。
泪潮摇撼着我的心岛，
　　恐怖已随着潮水飘逝。
哦，每个人都变成一只小鸟，唱一首无字的歌，
　　而歌声永不停止。

桑塔亚那[1]

George Santayana

1863—1952

【导读】 完美之中就有悲剧[2]

桑塔亚那（George Santayana），西班牙籍的美国哲学家，1863 年 12 月 16 日生于西班牙首都马德里，9 岁时迁往美国。他毕业于哈佛大学，27 岁起以迄50 岁止的23 年间，一直在原校任哲学教授，艾略特，艾肯（Conrad Aiken）和弗兰克福特（Felix Frankfurter）等都是十分敬佩他的学生。但是桑塔亚那却非常厌恶学院的传统，果然在 50 岁那一年，他继承了一笔遗产，便立刻辞去教职，去欧洲漫游，先后在伦敦和巴黎各住了一个时期，终于定居在罗马。1952 年 9 月 26 日，在该城患胃癌逝世，享年 89 岁。

桑塔亚那是 20 世纪的大思想家之一，他心仪柏拉图和亚里士多德，向往希腊的古典传统，重要的哲学著作有《美感》

① 桑塔亚那，原译桑塔耶那。

② 本文选自《英诗译注》，题目为编者所加。

(*Sense of Beauty*)，《怀疑主义和动物的信仰》(*Skepticism and Animal Faith*) 和《理性的生活》(*Life of Reason*)。此外他还写了一本小说《最后的清教徒》(*The Last Puritan*) 和少量的抒情诗，其中尤以十四行为最佳。他自称性分之中缺乏狂热的情感，加之英文又非他的祖国语言，因而作品不够“地道”。但是正因为如此，他的十四行显得特别冷静而超逸，有一种深婉而又凄清的哲理。在《科学之理性》中他说：“完美之中就有悲剧，因为完美赖以产生的这个宇宙其本身就不完美。”

O WORLD

O world, thou choosest not the better part!
　It is not wisdom to be only wise,
And on the inward vision close the eyes,
　But it is wisdom to believe the heart.
Columbus found a world, and had no chart,
　Save one that faith deciphered in the skies;
To trust the soul's invincible surmise
　Was all his science and his only art.
Our knowledge is a torch of smoky pine
　That lights the pathway but one step ahead
Across a void of mystery and dread.
　Bid, then,the tender light of faith to shine
By which alone the mortal heart is led
　Unto the thinking of the thought divine.

【注解】

（1）thou choosest，第二人称单数主格及其动词。

（2）better part，应该是指 faith。

（3）第二、第三、第四行用散文明白说出来，便是：“To be wise only and close the eyes on the inward vision is not wisdom，but to believe the heart is wisdom.”诗的说法自然比较曲折。

（4）inward vision，内观，幻象，理想的远景。华兹华斯诗：“They flash upon that inward eye/Which is the bliss of solitude.”

（5）Columbus，哥伦布（1451—1506），热那亚（今意大利西北部）的航海家，1492 年发现新大陆。美国诗人华金·米勒（Joaquin Miller）曾经以

信仰的灵光

哦世界，你不取更高的本性！
　闭上你向内返视的慧眼
去追求智慧，并不是真知灼见，
　深信你内心才是真正的聪明。
哥伦布发现新大陆，他没有地图，
　除了信仰画在那天上的一张；
信赖他灵魂百折不挠的猜想
　便是他全部的科学，唯一的艺术。
我们的知识是一把冒烟的火炬，
　透过了神秘而恐怖的空虚，
只照出幽径上的前途少许。
　哦，请你那信仰的灵光照明，
只有你才能把尘心导引，
　朝着那圣洁的思想前进。

他为题，写过一首《哥伦布》（*Columbus*）。

（6）save，前置词，= except。

（7）one，指 chart。

（8）science，应读足两个音节。

（9）a torch of smoky pine，一把半燃半灭的冒烟的松枝火炬。

（10）a void of mystery and dread，一片神秘而可怖的虚幻；mystery 应读足三个音节。

（11）by which alone，指 light of faith。

（12）unto=to，古写及诗中用语。

我知道
我终将
面对命运

余光中 译

世界名诗

［美］托马斯·科尔《生命之旅·成年》

赏 析

这是一首意大利体的十四行，和济慈那首《蚱蜢和蟋蟀》（*On the Grasshopper and Cricket*）在结构上大致相同，仅后六行押韵的安排改为 CDDCDC。在形式方面，无论是押韵、音步，还是段落，它简直完整到无懈可击的程度。行末的悬宕不多，但是从容不迫，开阖有度，的确是哲人本色。

20 世纪原是一个缺乏信仰的时代。科学的畸形发达，道德的日趋堕落，两次大战的残酷经验，以及智识分子对于苏联所抱希望的幻灭，在在都需要人类恢复信仰，以面对艰苦而感人的现实。自从 19 世纪中叶，安诺德的《多佛尔海岸》（*Dover Beach*）以迄今日的一百年间，许多诗人都曾为信仰的丧失而感到彷徨，20 世纪的诗人们更多持病态的人生观。桑塔亚那却是那些“坚定而全面地”正视人生的少数诗人之一。他认为单有知识是不够的，我们还需要坚定的信仰；知识是近视的、狭窄的，像一支半明半灭的火把，照不透我们四围的黑暗，只有那直觉的、内观的、信仰的柔光才能引我们向前探进。读者如有兴趣，请再一读惠特曼的《一只沉默而耐心的蜘蛛》（*A Noiseless Patient Spider*），威廉·亨利（W. E. Henley）的《不可征服》（*Invictus*）和弗罗斯特的《选择像星星的事物》（*Choose Something Like a Star*）。

WITH YOU A PART OF ME

With you a part of me hath passed away;
　For in the peopled forest of my mind
A tree made leafless by this wintry wind
　Shall never don again its green array.
Chapel and fireside, country road and bay,
　Have something of their friendliness resigned;
Another, if I would, I could not find,
　And I am grown much older in a day.
But yet I treasure in my memory
　Your gift of charity, and young heart's ease,
And the dear honor of your amity;
　For these once mine, my life is rich with these.
And I scarce know which part may greater be,—
　What I keep of you, or you rob from me.

【注解】

（1）hath=has。

（2）第一行 =A part of me has passed away with you。

（3）peopled forest，人物形成的茂林，此一譬喻不很精彩。

（4）第三行原意为“被这阵冬风吹落了浓叶的一棵树”。tree 的动词为 shall don。

（5）this wintry wind，指死亡。wintry 为 winter 的形容词；wind 读如（wɪnd）。

（6）don，穿（衣）；原为 do on 之缩写。

（7）array=clothes。

（8）chapel，教堂。比 church 较小。

（9）第六行意为“已经丧失了它们某种亲切的情味”。

（10）第七行的主词是第二个 I，受事是 another。

悲　悼

我生命的一部分已随你消亡；
　因为在我心里那人物的林中，
一棵树飘零于冬日的寒风，
　再不能披上它嫩绿的春装。
教堂、炉边、郊路和湾港，
　都丧失些许往日的温情；
另一个，就如我愿意，也无法追寻，
　在一日之内我白发加长。
但是我仍然在记忆里珍藏
　你仁慈的天性，你轻松的童心，
和你那可爱的，可敬的亲祥；
　这一些曾属于我，但充实了我的生命。
我不能分辨哪一份较巨——
　是我保留住你的，还是你带走我的。

if I would=even if I would try to find。

（11）Treasure，原为名词"宝藏"，此处引申为他动词"珍藏"。

（12）gift of charity，天赋的慈爱。

（13）these once mine= these once being mine。

（14）rich with these，因有这种种而显得丰富。

（15）末二行文法颇复杂。which part 指"What I keep of you"和"（What）you rob from me"二部分中之一部分。"What I keep of you"指我对你的记忆；"What you rob from me"指我被你带走的生命。

（16）may greater be=may be greater。

[英]约翰·埃弗里特·米莱斯《奥菲莉亚》

赏析

永别心爱的人是人生最为悲痛的事。当心爱的人永别了人间，我们的生命也似乎有一部分随之死亡，我们似乎变成了精神上的残废。一切的一切的一切，都再无意义。世界上也许有人更美丽，也许有人更聪明，也许有人更健康——可是永远，永远也不会有人比她更可爱更可亲了。

当她别我们而去——无论是幽冥的隔绝，还是永恒的生别——我们的灵魂有无形的挣扎，无声的呼号；心灵的空虚无法填补，心灵的创伤无法治疗。那一片温柔的玫瑰花影永远贴在我们的深心，不忍拂拭。我们在心里立一座墓碑，让自己在碑前徘徊凭吊，但不许有第二个人闯进来遨游。即使我们能勉强地提起精神，去寻找另一个她来填补原来的她所留下的空白，我们也将会发现没有可能。Another, if I would, I could not find，是真理，也是一句最深刻、最沉痛的话。“曾经沧海难为水，除却巫山不是云”，正是此意。

这是一首意大利式的十四行体（Italian sonnet），韵脚为 ABBA，ABBA，CDCDEE。此体后六行 sestet 的韵脚可以自由安排。本诗十分工整，除 Chapel 一字破格外，全篇皆合诗律。请参阅桑塔亚那另一十四行《信仰的灵光》和济慈的《蚱蜢和蟋蟀》。

希克梅特

Nazim Hikmet

1902—1963

【导读】 活着，真是了不起[①]

希克梅特（Nazim Hikmet，1902—1963）生于萨罗尼卡（Salonika，今属希腊）的土耳其帝国官宦之家，15 岁即开始发表诗作。1917 年，进黑贝利海军学校。1921 年，从同盟军占领下的伊斯坦布尔逃到内地安纳托利亚，又转去莫斯科，直到 1928 年才回土耳其。

希克梅特政见偏激，1938 年被捕入狱，因国际文化界抗议，终于 1950 年释放，旋即逃往苏联。希克梅特在莫斯科时，颇受马雅可夫斯基的未来派诗风影响，所以他的作品也有异于一般左翼诗人的刻板写实。他善用口语，笔力贯串古今，诗体在格律与自由之间穷极变化，作品富于爱国情操，影响迄今不衰。他的诗被译成多种外文，在国际上最负盛名。据说有

① 本文选自《土耳其现代诗选》，标题为编者所加。《一则寓言》系译者转译自英诗，英诗因版权问题不予收录。

［荷兰］文森特·凡·高《梧桐树群（圣雷米的修路工）》系列 1

一艘俄国船和一所法国医院曾以他命名。

《一则寓言》，景物单纯，线条清晰，而浮光耀金，撩人眉眼，几乎兼有印象派的富丽和抽象派的秩序之美，令人想到商禽、罗青和早年的白荻，却另有生命可贵、为乐及时的淡淡哲理。

一则寓言

一同休憩在水边，
　法国梧桐和我。
倒影投在水面上，
　映着法国梧桐和我。
闪闪的水光射过来，
　射着法国梧桐和我。

一同休憩在水边，
　法国梧桐，我，和猫。
倒影投在水面上，
　映着法国梧桐，我，和猫。
闪闪的水光射过来，
　射着法国梧桐，我，和猫。

一同休憩在水边，
　法国梧桐，我，猫，和太阳。
倒影投在水面上，
　映着法国梧桐，我，猫，和太阳。
闪闪的水光射过来，
　射着法国梧桐，我，猫，和太阳。

一同休憩在水边，
　法国梧桐，我，猫，太阳，和我们的生命。
倒影投在水面上，

映着法国梧桐，我，猫，太阳，和我们的生命。
闪闪的水光射过来，
射着法国梧桐，我，猫，太阳，和我们的生命。

一同休憩在水边。
首先猫会走开，
水面会失去它的倒影。
然后我会走开，
水面会失去我的倒影。
然后法国梧桐会走开，
水面会失去它的倒影。
然后水会走开，
只留下了太阳，
然后太阳也走开。

一同休憩在水边，
法国梧桐，我，猫，太阳，和我们的生命。
水呢正清凉，
法国梧桐的绿荫正长，
我正写着一首诗，
太阳正温暖，
活着，真是了不起。
闪闪的水光射过来，
射着法国梧桐，我，猫，太阳，和我们的生命。

[荷兰] 文森特·凡·高《梧桐树群（圣雷米的修路工）》系列 2

纳许

Ogden Nash

1902—1971

【导读】 藏在剑鞘里的批评[1]

纳许（Ogden Nash），1902 年 8 月 19 日生于纽约州的莱城。他自称在北卡罗来纳州有一万个表亲，高曾祖是独立革命时期该州的州长，而田纳西州的纳许维尔城（Nashville）便是这位高曾祖的兄弟纳许将军（General Francis Nash）给取的名字。1924 年，纳许入哈佛大学，只读了一年，其后曾在圣乔治学院任导师，又往纽约市做股票推销员，但是，据他自己说，“两年之中，只卖掉一张——给我的祖母”。于是纳许又转入出版界工作，直到 1931 年，才加入《纽约客》（*The New Yorker*）的编辑部。这时他的谐诗便开始在该刊登载，而渐渐成名。不久纳许又转往法勒 & 莱因哈特（Farrar and Rinehart）书局，开始专职写作，并为好莱坞修改电影说明书。纳许戴一副浅浅的眼镜，微胖的脸颊，诙谐的目光；曾居巴提摩尔城，有二女。

纳许是美国最有名的幽默诗人之一。他的诗集在英美都极为畅销，其总售数据 1956 年 3 月 19 日《生活》（*Life*）的报道，已达一百二十万册；即《袖珍丛书》的纳许诗选，自 1944 年以迄 1954 年的 10 年之间，也已销了七十六万五千册。他的诗表面上是轻松、胡闹，甚至于怪诞的作品，但剑鞘里面往往藏着对于西方社会（尤其是纽约的中上流社会）的批评。他那时而兴高采烈，时而玩世不恭，时而又疯言疯语的形式极易受到读者的欢迎。他的韵用得神奇莫测，前人自然没有用过，后人也永远不可能再用。他将读音略一歪曲，便使两个毫无押韵可能的字配成了对。

他的句法可分为两类：一类是工整的，另一类是长短不拘的。前者把传统的双行体（couplets）和四行体（quatrains）发挥到了最灵巧的程度，如《日本人》（*The Japanese*）便是。后者有一种漫步的活泼，显然受了惠德曼的影响，例如《谨慎驾驶者的奇怪案例》（*The Strange Case of the Cautious Motorist*）一诗中，最短的诗行只有五个字，但最长的却有五十八个字。还有一种介于这两端的形式，酣畅跌宕，急缓有度，而且略带一点爵士旋律的味道，例如《由女婴之父来唱的歌》（*Song to Be Sung by the Father of Infant Female Children*）便是一首绝妙的杰作。说到内容，则纳许更是变化万千。他是一个神奇的综合体：有时他的韵脚比空气还轻，踩幻想的游丝而不坠；有时他的步伐剑及履及，撼之不动；有时他疯言疯语，滑稽万状，一若小丑，但你才一眨眼，他的滑稽又变成了尖酸泼辣的讽刺，使对手无法招架。穆尔（Geoffrey Moore）说他不仅是一个优秀的谐诗作者，简直是 20 世纪的史威夫特（Jonathan Swift）。

① 选自《英诗译注》，题目为编者所加。

A LADY THINKS SHE IS THIRTY

Unwillingly Miranda wakes,
　Feels the sun with terror,
One unwilling step she takes,
　Shuddering to the mirror.

Miranda in Miranda's sight
　Is old and gray and dirty;
Twenty-nine she was last night;
　This morning she is thirty.

Shining like the morning star,
　Like the twilight shining,
Haunted by a calendar,
　Miranda sits a-pining.

【注解】

（1）unwillingly，勉强地。willing 是愿意，ly 是副词语尾，un 是否定的冠首语。

（2）feel，他动词，接触、抚摸之意。

（3）第一段末二行 =Shuddering，she takes one unwilling step to the mirror。

（4）gray，形容词，头发斑白的。

（5）注意第二段末二行动词的时态。was 和 is 指明了今昔。

（6）第三段前三行均为形容主词 Miranda 的 participial phrases。第二行不大妥帖，twilight 原是日升前和日落后的微光。照《简明牛津词典》（*The Concise Oxford Dictionary*）的解释是：“Light from

三十岁生日

米兰达十分勉强地醒来，
　触到阳光她心惊胆战，
她十分勉强地移了一步，
　颤抖地走到梳妆镜前。

米兰达在米兰达的眼里
　是苍老而灰白而污秽；
昨夜她还是仅仅廿九；
　今晨她竟已三十足岁。

容光照人像一颗晨星，
　鲜丽灿洁得有如黄昏，
但心中笼着日历的阴影，
　米兰达竟独坐伤神。

sky when sun is below horizon in morning or（usually）evening；faint light.”如是则 twilight 何以能 shine？

(7) haunted，原为“鬼魂作祟”之意，此处引申为“被可怕的意念所缠扰”。Haunted by a calendar 是指心中念念不忘于日历上的日期，正指明自己已经是三十岁的人了。

(8) a-pining，subjective complement（主语补语），形容 Miranda。a 此处为 preposition；pine 为自动词，“黯然伤神”之意。此种组合多用作 complement，如“He went a-begging”，“They set the bells a-ringing”等都是。

Silly girl, silver girl,
  Draw the mirror toward you;
Time who makes the years to whirl
  Adorned as he adored you.

Time is timelessness for you;
  Calendars for the human;
What's a year, or thirty, to
  Loveliness made woman?

Oh, Night will not see thirty again,
  Yet soft her wing, Miranda;
Pick up your glass and tell me, then—
  How old is Spring, Miranda?

(9) 第四段末二行中，Time 是主词，adorned 是动词，who makes the years to whirl 是 Time 的形容词子句。makes 作现在式，表示一般性的真理或事实。

(10) as he adored you，he 指 Time。

(11) 注意 adorned 和 adored 所形成的“头韵”和“邻韵”。

(12) timelessness，通常只有 unending（无止的）、untimely（不合时宜的）和 referring to no special time（不指一定时间的）三种意义，此处纯由作者自创新意，为“时间之静止”之意。

(13) Calendars for the human，Calendars 和 for 之间省去一个 are。

傻孩子，漂亮的孩子，
　把镜子移近再照你自己；
使岁月旋转的时间依旧
　为你装饰，如往日疼你。

时间对于你只是静止；
　日历是造给俗子凡夫；
一年或卅年的时光何损于
“可爱”化身的少妇？

哦，黑夜已不止三十岁了，
　但她的翅膀多轻盈，米兰达；
拾起你镜子来，再告诉我——
　春天有多大的年龄，米兰达？

（14）What's a year, or thirty to/Loveliness made woman? thirty=thirty years；what's=what is；Loveliness made woman=Loveliness in the form of a woman。made 为 past participle。Loveliness 原是一种品质，拟人化后变成了女人。

（15）Night，大写，拟人格；Night will not see thirty again，意为“夜”再也不能过三十岁了，因为自古迄今，我们已经过了数不清的夜了。

（16）Yet soft her wing=Yet her wing is soft。her 指 Night；her wing 指黑夜徐徐降落，有如鸟栖。

（17）glass= mirror。

[英] 约翰·威廉姆·沃特豪斯《采摘玫瑰花蕾，趁着你可以遇见》

赏·析

本诗摘自纳许的诗集《多年以前》(*Many, Long Years Ago*)，形式比较传统，和纳许一般作品那种不对称（ill-balanced）的长短诗行不同。韵脚是ABAB，但AA都是阳韵，BB都是阴韵[阴阳韵之说请参阅约翰·梅斯菲尔德（John Masefield）的《恋海》(*Sea Fever*)]。女人据说最怕三十岁；三十岁似乎是青春的终站，中年的起点，也是幻想和现实的分界，梦的墓碑。然而事实上，女人的美如酒，愈久而愈成熟，年龄的增加，往往使女人在美貌之外，增加了解和智慧、耐心和体贴。若南（Janin）就说过，巴尔扎克（Honoré de Balzac）是发现四十岁女人的哥伦布。纳许以春天来比女人；自古迄今我们已经经过了无数次的春天，但每次她来时，仍如此年轻而诱人；“可爱”化身的女人，犹如春天，是永远不会老的。只有中年的女人才是完整的女人，少女总似乎缺少一种安定的力量，性格的妩媚。华兹华斯所谓：“The Reason firm, the temperate will, /Edurance, foresight, strength, and skill; /A perfect woman, nobly plann'd/To warn, to comfort, and command; /And yet a spirit still, and bright/With something of angelic light.”指的正是中年的女人。又勃朗宁夫人（Elizabeth Barrett Browning）的《葡萄牙人的十四行集》(*Sonnets from the Portuguese*，此处所谓葡萄牙人实为勃朗宁对她的戏称）第十八首中亦有句云：“My day of youth went yesterday; /My hair no longer bounds to my foot's glee, /...I thought the funeral shears/Would take this（指 my hair）first, but Love is justified, ——/Take it thou, finding pure, from all those years, /The Kiss my mother left here when she died.”只有中年女人才有这种纤细、深婉而又妥帖的情感。纳许还有一首诗论三十岁的男人，也很精彩。

塔朗吉

Cahit Sitki Taranci

1910—1956

【导读】 一种悲哀的甜味[1]

塔朗吉（Cahit Sitki Taranci，1910—1956）生于土耳其的迪雅巴克尔（Diyarbakir），1939年至1940年在巴黎读政治学。他的处女诗集出版于1930年，当时他中学尚未毕业。《我的三十五岁》于1946年问世，到1978年已销十一版，是他最闻名的诗集。我在近作散文《记忆像铁轨一样长》里，把他的《火车》置于文末，以增袅袅余音。《我的地图》一首单纯中见深刻："人民都快乐，烟囱都安安静静"一句，意境之恬淡温柔，真像杨唤的小品。该隐（Cain）乃《圣经》中记载的亚当与夏娃之长子，杀其弟亚伯（Abel），成为人类第一个凶手。《死后》也有一种悲哀的甜味。

① 本文选自《土耳其现代诗选》，题目为编者所加，《火车》系译者转译自英诗，英诗因版权问题不予收录。

火　车

去什么地方呢？这么晚了，
　美丽的火车，孤独的火车？
凄苦是你汽笛的声音，
　令人记起了许多事情。
为何我不该挥动手巾呢——
　乘客多少都跟我有亲。
去吧，但愿你一路平安，
　桥都坚固，隧道都光明。

【注解】

《火车》，又名《去什么地方呢？》

赏・析

写火车的诗很多，我自己都写过不少。我甚至译过好几首这样的诗，却最喜欢土耳其诗人塔朗吉的这首。

[法]克劳德·莫奈《诺曼底火车到达，圣拉扎尔车站》

迪伦·托马斯

Dylan Thomas

1914—1953

【导读】 仙中之犬[1]

迪伦·托马斯是（20 世纪）40 年代英美诗坛最引人注目的青年作家。他的骤然崛起，他的狄俄尼索斯式的狂吟，他那种反艾略特的强烈抒情意味，他的波希米亚式的生活和夭亡，生前的生命和身后评价上的分歧——这一切，在现代诗坛上，都是罕见的。

迪伦·托马斯所以异于他的同侪，一部分要归因于他的乡土背景。他是威尔士人，1914 年 10 月 27 日诞生于威尔士的海港斯旺西（Swansea）。斯旺西的直译是“天鹅海”；后来，海也就成为他作品中意象的一个宝库。其实他的名字“迪伦”在威尔士语言中就是“海”的意思。(有些人将“迪伦”误念成“戴伦”。)

虽然托马斯的父亲是一位英文教员，小托马斯自己却仅仅受过中等教育。他曾经做过记者、演员、播音员，也写过电影脚本和广

① 本文略有删节。

播剧。一度想从军，但不合标准，旋入英国广播公司工作。22 岁，和麦克纳马拉小姐结婚，生了三个孩子，住在一个渔村上。他们的房子就叫“船屋”，因为它是渡船码头改装成的。

从 1950 年到 1953 年，托马斯曾三度访美。在美国，他到处诵诗，或诵己作，或诵前人作品。由于他音色纯美，音量宏富，加上一种狂放的表演天才，他的朗诵非常成功。许多平素不肯接受现代诗的听众，在他催眠的魔力下，皆欣然进入他那独特的世界。他诵诗的录音片也非常畅销。

托马斯在纽约时，最喜欢第三街。他经常出没于水手聚集的酒吧，一家接一家地喝过去，有时彬彬有礼，有时陶然酩酊。往往，他只饮白兰地泡生蛋，充作早餐，有时只饮啤酒。一说他酷嗜巧克力糖条，又喜读骇世奇书以忘忧。这样起居无常，纵饮无度，当然严重地影响了他的健康。所以他自述 35 岁时的情况说：“苍老而小，黑褐褐的，很灵，有一种射来射去，傻愣愣的，神经质的眼神……落发而且落牙。”第三次访美时，他接受斯特拉文斯基的邀请，正要去那位音乐家加州的寓所，合编一个歌剧，同时他刚度过 39 岁生辰，《托马斯诗集》也极受欢迎，这时他竟病倒了。1953 年 11 月 9 日，他因脑瘤不治逝世。身后，有关他的回忆录及批评与日俱增。他的太太凯特琳·托马斯（Caitlin Thomas）写的回忆录《以了余生》（*Leftover Life to Kill*），是一篇非常坦率的自白。此外尚有布列宁（J. M. Brinnin）的《迪伦·托马斯在美国》和特里斯（Henry Treece）的《迪伦·托马斯：仙中之犬》（*Dylan Thomas:Dog among the Fairies*）。

托马斯的诗，在主题上，恒表现童年、性的活力、宗教的困惑和死亡；在意象上，富于超现实主义的大胆与繁富。《圣经》、弗洛伊德、威尔士的民俗与布道，是他灵感的主要泉源，而威尔士的山与海，果园与渔村，则成为他诗中的自然背景。他诗中的萦心之念和信仰，是万有生命的统一，也即死以继生死后复生的持续过程。生命因万态各殊而分，但在生与死的过程中与宇宙合为一体，是以人与自然，往昔与现今，生与死，皆汇入宇宙之大同。面对死亡的托马斯，一遍又一遍地加以赞颂的，正是这种合一的感觉。

IN MY CRAFT OR SULLEN ART

In my craft or sullen art
Exercised in the still night
When only the moon rages
And the lovers lie abed
With all their griefs in their arms,
I labour by singing light
Not for ambition or bread
Or the strut and trade of charms
On the ivory stages
But for the common wages
Of their most secret heart.

Not for the proud man apart
From the raging moon I write
On these spindrift pages
Nor for the towering dead
With their nightingales and psalms
But for the lovers, their arms
Round the griefs of the ages,
Who pay no praise or wages
Nor heed my craft or art.

我阴郁的艺术

我的行业，我阴郁的艺术
　在寂静的夜里独自进行，
只有魅月在户外猖狂
　而情人们都睡在床上，
拥抱着他们全部的悲愁；
　我工作，向着歌咏的光芒，
不为雄心，也不为面包，
　不为阔步，不朗念符咒，
在象牙砌成的舞台之上，
　我要求平凡的酬劳
是情人们最最秘密的内心。

向飞溅着蓝色的稿纸
　我写诗，不为那自负的
那无关疯狂之月的人，
　不为那些巍峨的死者
和他们的那些夜莺与颂诗，
　只为了情人们，情人张臂
将千古的悲凉抱在怀里，
　但不会赞美也不会酬付
我的行业，我阴郁的艺术。

赏析

本诗在短句的运用和韵脚的交错上，显然受到叶芝的影响。译文未能传神，终是憾事。在某种意义上，本诗对于叶芝的《航向拜占庭》似乎是一个回答。在《航向拜占庭》中，叶芝有意要超越“年轻人在彼此的怀中”的现实世界，而进入永恒不灭的艺术世界，也就是说，要超越生命之变而把握艺术之常。在《我阴郁的艺术》中，托马斯认为相拥的情人才是艺术的中心经验，诗人的任务便是去发掘这种经验的秘密并把握这种经验的意义。然而诗人是一种吃力不讨好的行业，因为尽管诗人置爱的经验于一切世俗的名利之上，一般情人并不能欣赏他的艺术，也不曾感激他的苦心。八、九两行似乎有影射莎士比亚《麦克白》中谓人生如演员昂首阔步于舞台之意。“象牙的舞台”应系“象牙之塔中的舞台”之省略，是托马斯拿手的惯技。

[奥地利] 古斯塔夫·克里姆特《吻》

余光中

诗兴不绝则青春不逝，并使人有不朽的感觉。

五千年的这一头还亮着一盏灯
四十岁后还挺着一支笔
已经，这是最后的武器
即使围我三重
困我在墨黑无光的核心
缴械，那绝不可能

——余光中《守夜人》节选

[法]亨利·让·纪尧姆·马丁《海边日落》

乡　愁

小时候
　乡愁是一枚小小的邮票
我在这头
　母亲在那头

长大后
　乡愁是一张窄窄的船票
我在这头
　新娘在那头

后来啊
　乡愁是一方矮矮的坟墓
我在外头
　母亲在里头

而现在
　乡愁是一湾浅浅的海峡
我在这头
　大陆在那头

NOSTALGIA

When I was young,
Nostalgia was a tiny, tiny stamp,
Me on this side,
Mother on the other side.

When I grew up,
Nostalgia was a narrow boat ticket,
Me on this side,
Bride on the other side.

But later on,
Nostalgia was a lowly grave,
Me on the outside,
Mother on the inside.

And at present,
Nostalgia becomes a shallow strait,
Me on this side,
Mainland on the other side.

(1972)

[法]亨利·让·纪尧姆·马丁《金秋的花藤》

乡愁四韵

给我一瓢长江水啊长江水
　　酒一样的长江水
醉酒的滋味
　　是乡愁的滋味
给我一瓢长江水啊长江水

给我一张海棠红啊海棠红
　　血一样的海棠红
沸血的烧痛
　　是乡愁的烧痛
给我一张海棠红啊海棠红

给我一片雪花白啊雪花白
　　信一样的雪花白
家信的等待
　　是乡愁的等待
给我一片雪花白啊雪花白

给我一朵腊梅香啊腊梅香
　　母亲一样的腊梅香
母亲的芬芳
　　是乡土的芬芳
给我一朵腊梅香啊腊梅香

Kwang-Chung Yu
余光中

FOUR STANZES ON HOMESICKNESS

Give me a scoop of the Yangzi River, the Yangzi
  River like wine
The taste of drunkenness
  Is the taste of homesickness
Give me a scoop of the Yangzi River, the Yangzi

Give me a red hibiscus, oh, red hibiscus
  Hibiscus as red as blood
The scalding pain of seething blood
  Is the scalding pain of homesickness
Give me a red hibiscus, oh, red hibiscus

Give me a white snowflake, oh, white snowflake
  Snowflake as white as letter
To wait for a letter from home
  Is to wait homesick
Give me a white snowflake, oh, white snowflake

Give me a fragrant plum blossom, oh, plum blossom
  Plum blossom as fragment as mother
Mother's fragrance
  Is the fragrance of my native soil
Give me a fragrant plum blossom, oh, plum blossom

西螺大桥

矗然，钢的灵魂醒着
　严肃的静铿锵着

西螺平原的海风猛撼着这座
　力的图案，美的网，猛撼着这座
意志之塔的每一根神经，
　猛撼着，而且绝望地啸着
而铁钉的齿紧紧咬着，铁臂的手紧紧
握着
　严肃的静

于是，我的灵魂也醒了，我知道
　既渡的我将异于
未渡的我，我知道
　彼岸的我不能复原为
此岸的我
　但命运自神秘的一点伸过来
一千条欢迎的臂，我必须渡河

面临通向另一个世界的
　走廊，我微微地颤抖
但西螺平原的壮阔的风
　迎面扑来，告我以海在彼端
我微微地颤抖，但是我
　必须渡河！

矗立着，庞大的沉默。
　醒着，钢的灵魂

（1958年3月13日）

【附注】

三月七日与夏菁同车北返，将渡西螺大桥，停车摄影多帧。守桥警员向我借望远镜窥望桥的彼端良久，且说：“守桥这么久，一直还不知那一头是什么样子呢！”

HSILO BRIDGE

Loomingly, the soul of steel remains awake.
Serious silence clangs.

Over the Hsilo Plain sea winds wildly shake
This design of strength, this scheme of beauty; they shake
Every nerve of this tower of will,
Howling and yelling desperately.
Still the teeth of nails bite, the claws of iron rails clench
A serious silence.

Then my soul awakes; I know
I shall be different once across
From what on this side I am; I know
The man across can never come back
To the man before the crossing.
Yet Fate from a mysterious center radiates
A thousand arms to greet me; I must cross the bridge.

Facing the corridor to another world,
I tremble a little.
But the raw wind over the Hsilo Plain
Blows against me with the tidings
That on the other side is the sea.
I tremble a little, but I
Must cross the bridge.

And tall looms the massive silence,
And awake is the soul of steel.

(1965)

［法］克劳德·莫奈《阿根特伊的铁路桥》

当我死时

当我死时，葬我，在长江与黄河
　之间，枕我的头颅，白发盖着黑土
在中国，最美最母亲的国度
　我便坦然睡去，睡整张大陆
听两侧，安魂曲起自长江，黄河
　两管永生的音乐，滔滔，朝东
这是最纵容最宽阔的床
　让一颗心满足地睡去，满足地想
从前，一个中国的青年曾经
　在冰冻的密歇根向西瞭望
想望透黑夜看中国的黎明
　用十七年未餍中国的眼睛
饕餮地图，从西湖到太湖
　到多鹧鸪的重庆，代替回乡

（1966）

WHEN I AM DEAD

When I am dead, lay me down between the Yangtze
And the Yellow River and pillow my head
On China, white hair against black soil,
Most beautiful O most maternal of lands,
And I will sleep my soundest taking
The whole mainland for my cradle, lulled
By the mother-hum that rises on both sides
From the two great rivers, two long, long songs
That on and on flow forever to the East.
This the world's most indulgent roomiest bed
Where, content, a heart pauses to rest
And recalls how, of a Michigan wirrter night,
A youth from China used to keep
Intense watch towards the East, trying
To pierce his look through darkness for the dawn
Of China. So with hungry eyes he devoured
The map, eyes for seventeen years starved
For a glimpse of home, and like a newweaned child
He drank with one wild gulp rivers and lakes
From the mouth of Yangtze all the way up
To Poyang and Dongting and to Koko Nor.

翠玉白菜——咏故宫雕刻

前身是缅甸或云南的顽石
　被怎样敏感的巧腕
用怎样深刻的雕刀
　一刀刀，挑筋剔骨
从辉石玉矿的牢里
　解救了出来，被瑾妃的纤指
爱抚得更加细腻，被观众
　艳羡的眼神，灯下聚焦
一代又一代，愈宠愈亮
　通体流畅，含着内敛的光
亦翠亦白，你已不再
　仅仅是一块玉，一棵菜
只因当日，那巧匠接你出来
　却自己将精魂耿耿
投生在玉胚的深处
　不让时光紧迫地追捕
凡艺术莫非是弄假成真
　弄假成真，比真的更真
否则那栩栩的螽斯，为何
　至今还深信，还抱着
犹翠的新鲜，不肯下来
　或许，那就是玉匠转胎

Kwang-Chung Yu
余光中

THE EMERALD WHITE CABBAGE ——a sculpture in the Palace Museum

Ore-born of Burmese or Yunnan descent
By whose hand, sensitive and masterly,
Driving and drilling its way so surely,
Leaving clean all the tendons and bones,
Are you released from the jadeite jail?
Refined further by the fingers of Jin,
The royal concubine, and polished bright
By the spectators' adoring gaze
Focussed under the light, year after year,
Until a liquid clarity is lit within,
Verdant and pearly, no longer are you
Merely a piece of jade or a cabbage
Since the day the sculptor set you free
And left, instead, his own devoted soul
Reincarnate in the womb of the jade,
Beyond the relentless pursuit of time.
Art is simply play become truth,
Truth at play,even truer than real.
Or why is that vivid katydid,
Unmoved in its faith, still holding on
To the fresh green without regret?
Perhaps it's the sculptor in his rebirth.

附录

从心底到笔尖的这条路

余光中谈翻译与诗

我知道
我终将
面对命运

余光中
译
世界名诗

猛虎与蔷薇

英国当代诗人西格夫里·萨松曾写过一行不朽的警句："In me the tiger sniffs the rose."勉强把它译成中文，便是："我心里有猛虎在细嗅蔷薇。"

如果一行诗句可以代表一种诗派（有一本英国文学史曾举柯立芝《忽必烈汗》中的三行诗句："好一处蛮荒的所在！如此地圣洁、鬼怪，像在那残月之下，有一个女人在哭她幽冥的欢爱！"为浪漫诗派的代表），我就愿举这行诗为象征诗派艺术的代表。每次念及，我不禁想起法国现代画家亨利·卢梭的杰作《沉睡的吉普赛人》。假使卢梭当日所画的不是雄狮逼视着梦中的浪子，而是猛虎在细嗅含苞的蔷薇，我相信，这幅画同样会成为杰作。惜乎卢梭逝世，而萨松尚未成名。

我说这行诗是象征诗派的代表，因为它具体而又微妙地表现出许多哲学家所无法说清的话；它表现出人性里两种相对的本质，但同时更表现出那两种相对的本质的调和。假使他把原诗写成了"我心里有猛虎雄踞在花旁"，那就会显得呆笨、死板，徒然加强了人性的内在矛盾。只有原诗才算恰到好处，因为猛虎象征人性的一方面，蔷薇象征人性的另一面，而"细嗅"刚刚象征着两者的关系，两者的调和与统一。

原来人性含有两面：其一是男性的，其一是女性的；其一如苍鹰、如飞瀑、如怒马，其一如夜莺、如静池、如驯羊。所谓雄伟和秀美，所谓外向和内向，所谓戏剧型的和图画型的，所谓戴奥尼苏斯艺术和阿波罗艺术，所谓"金刚怒目，菩萨低眉"，所谓"静如处女，动如脱兔"，所谓"骏马秋风冀北，杏花春雨江南"，所谓"杨柳岸，晓风残月"和"大江东去"，一句话，姚姬传所谓的阳刚和阴柔，都无非是这两种气质的注脚。两者粗看若相反，实则乃相成。实际上每个人多多少少都兼有这两种气质，只是比例不同而已。

> 东坡有幕士，尝谓柳永词只合十七八女郎，执红牙板，歌“杨柳岸，晓风残月”；东坡词须关西大汉，铜琵琶，铁绰板，唱“大江东去”。东坡为之“绝倒”。

他显然因此种阳刚和阴柔之分而感到自豪。其实东坡之词何尝都是“大江东去”？“笑渐不闻声渐悄，多情却被无情恼”“绣帘开，一点明月窥人”，这些词句，恐怕也只合十七八女郎曼声低唱吧？而柳永的词句：“长安古道马迟迟，高柳乱蝉嘶”，以及“渡万壑千岩，越溪深处。怒涛渐息，樵风乍起；更闻商旅相呼，片帆高举”又是何等境界！就是“晓风残月”的上半阕那一句“暮霭沉沉楚天阔”，谁能说它竟是阴柔？他如王维以清淡胜，却写过“一身转战三千里，一剑曾当百万师”的诗句；辛弃疾以沉雄胜，却写过“罗帐灯昏，哽咽梦中语”的词句。再如浪漫诗人济慈和雪莱，无疑都是阴柔的了。可是清啭的夜莺也曾唱过：“或是像精壮的科德慈，怒着鹰眼，凝视在太平洋上。”就是在那阴柔到了极点的《夜莺曲》里，也还有这样的句子。“同样的歌声时常——迷住了神怪的长窗——那荒僻妖土的长窗——俯临在惊险的海上。”至于那只云雀，他那《西风歌》里所蕴藏的力量，简直是排山倒海，雷霆万钧！还有那一首十四行诗《阿西曼地亚斯》（*Ozymandias*）除了表现艺术不朽的思想不说，只其气象之伟大，魄力之雄浑，已可匹敌太白的“西风残照，汉家陵阙”。

也就是因为人性里面，多多少少地含有这相对的两种气质，许多人才能够欣赏和自己气质不尽相同，甚至大不相同的人。例如在英国，华兹华斯欣赏弥尔顿；拜伦欣赏顶普吕·夏绿蒂；白朗戴欣赏萨克瑞；史哥德欣赏简·奥斯汀；史云朋欣赏兰道；兰道欣赏勃朗宁。在我国，辛弃疾欣赏李清照也是一个最好的例子。

但是平时为什么我们提起一个人，就觉得他是阳刚，而提起另一个人，又觉得他是阴柔呢？这是因为每人心里的猛虎和蔷薇所成的形势不同。有人的心原是虎穴，穴口的几朵蔷薇免不了猛虎的践踏；有人的心原是花园，园中的猛虎不免被那一片香潮醉倒。所以前者气质近于阳刚，而后者气质近于阴柔。然而踏碎了的蔷薇犹能盛开，醉倒了的猛虎有时醒来。所以霸王有时悲歌，弱女有时杀贼；梅村、子山晚作悲凉，萨松在第一次世界大战后出版了低调的《心旅》(*The Heart's Journey*)。

"我心里有猛虎在细嗅蔷薇。"人生原是战场，有猛虎才能在逆流里立定脚跟，在逆风里把握方向，做暴风雨中的海燕，做不改颜色的孤星。有猛虎，才能创造慷慨悲歌的英雄事业；涵蕴耿介拔俗的志士胸怀，才能做到孟郊所谓的"镜破不改光，兰死不改香"！同时人生又是幽谷，有蔷薇才能烛隐显幽，体贴入微；有蔷薇才能看到苍蝇控脚，蜘蛛吐丝，才能听到暮色潜动，春草萌芽，才能做到"一沙一世界，一花一天国"。在人性的国度里，一只真正的猛虎应该能充分地欣赏蔷薇，而一朵真正的蔷薇也应该能充分地尊敬猛虎；微蔷薇，猛虎变成了菲力斯旦(Philistine)[1]；微猛虎，蔷薇变成了懦夫。韩黎诗："受尽了命运那巨棒的痛打，我的头在流血，但不曾垂下！"华兹华斯诗："最微小的花朵对于我，能激起非泪水所能表现的深思。"完整的人生应该兼有这两种至高的境界。一个人到了这种境界，他能动也能静，能屈也能伸，能微笑也能痛哭，能像20世纪人一样地复杂，也能像亚当、夏娃一样地纯真，一句话，他心里已有猛虎在细嗅蔷薇。

① 菲力斯旦(Philistine)，意为庸人。

创作与翻译

淡江大学

五十周年校庆演讲

1

承蒙林耀福院长邀请，前来贵校为淡江大学五十周年校庆作这场演讲，是我莫大的荣幸。淡江大学的前身曾经是淡江文理学院，早在20世纪60年代的初期，我已经在贵院兼课，教的科目先是英国文学史，后来换了英诗，所以观音山美丽而善变的侧影，每星期都要隔水惊艳，自然也就入了我的诗篇。《隔水观音》成了我一本诗集的书名。

我在淡江文理学院兼课，前后至少有五年，和淡江的关系可以说淡而隽永。庄子所谓“君子之交淡若水”，正是这个意思。不过我来参加贵校五十周年校庆，还有另一种象征的意味，就是我自己的创作生命，迄今也已有半个世纪。从心底到笔尖的这一条路，是世界上最曲折也是最神奇的长征。我在最新的诗集《高楼对海》的后记里如此自述：

> 《高楼对海》里的作品都是1995年到1998年之间所写，真真是告别上个世纪的纪念了，也借以纪念我写诗已达五十周年。五十年前，我的第一首诗《沙浮投海》写于南京，那窗口对着的却是紫金山。好久好远啊，少年的诗心。只要我一日不放下这支笔，那颗心就依然跳着。

一位少年的“诗心”为什么会起跳，凭什么会跳这么久，为的是什么理想，什么价值？大而至于一整个民族的“诗心”为何起跳，又为何一直跳到现在？

古希腊人对诗人的态度最为肯定，希腊文“诗人”（poietés）一词就是“创造者”（maker，creator）的意思，广义而言，可通于“造物”。欧洲三大语系，拉丁语、斯拉夫语、日耳曼语里的“诗人”

（poéte，poeta，poet）皆源出希腊，拼法几乎一样。不幸柏拉图认定所谓现实者乃在理念而非色相，万物不过模仿理念，诗人描写万物，不过是模仿的再模仿，已经与现实隔了两层了。诗人所写既已失真，不免有害社会，柏拉图乃将诗人逐出他的理想国。

柏拉图的说法影响后世至巨，到了中世纪又有教会对诗提出质疑，颇令诗人忙于答辩。在柏拉图之后六百年，有新柏拉图派的哲人柏罗丁为缪斯辩护，说艺术家创造之美，不在他所描摹的对象，也不在他所造形的材料，而在他所投注的心机。也就是说，自然之不足，可由艺术家来补足。中唐的诗人李贺也说："笔补造化天无功。""天"，就是自然，而"无功"，就是不足了。王尔德更说："不是艺术模仿自然，而是自然模仿艺术。"其实，亚里士多德早在《诗学》里指出：历史所述乃已然之事，而诗所述乃或然之事。足见西方诗学本无写实之束缚。

不过亚里士多德此说，乃指戏剧而言，亦即诗剧。因为他接下去说："是以诗之为物，比历史更富哲理，更为高超：诗惯于表现常态，历史则表现殊态。我所谓的常态，是指个性确定之人物按照或然率或者必然率，偶尔会有怎样的言行……"

所以西方诗学所说的，常是悲剧（或史诗中）人物的"言行"，较重客观，而中国诗学所说的，常是诗人内在情感的表现，较重主观。所以诗大序说："诗者志之所之也。在心为志，发言为诗。情动于中而形于言。"中国人说诗，不外是指抒情诗。西方人说诗，则往往包括史诗、诗剧、叙事诗，不止于短篇的抒情诗。

至于诗的功用，孔子则以《诗经》为范本，说："诗，可以兴，可以观，可以群，可以怨。迩之事父，远之事君。多识于鸟兽草木之名。"中间一句的事父事君，尤其是事君，已经不合今日的社会，至于只重君、父，不及母、妻，也失之男性至上。后面一句，倒像把《诗经》

当作类书、辞典来用了，未免小看了它。首句的兴、观、群、怨却说中了要害。兴，可以给人鼓舞，怨，可以让人抒发，一正一负，满足了个人的需要。观，可以体会风俗民情，群，可以促进人我关系，一退一进，符合了社会的需要：无论是言志还是载道，似乎都照顾到了。

约在两百年前，正当浪漫运动的高潮，雪莱豪情万丈地为诗道鼓吹，在长逾万言的《诗辩》一文中指出，诗人在古典时代曾有“先知”之称，继而强调诗人能够“参永恒，赞无限，合本元”（participates in the eternal，the infinite, and the one），结论是：“诗人者，未经公认而实为世界之立法者也。”（Poets are the unackno wledged legislators of the world.）

雪莱说这番话时理直气壮，信心饱满，几乎将诗人神而明之，供于壁龛。两百年后，另一位英国诗人的论词却一反过来，竟说诗的功用不过在使“小孩子不看电视，老头子不上酒馆”，这是拉尔金（Philip Larkin，1922—1985）说的气话，似乎是非常低调了，老头子会因为有诗可读就不上酒馆吗，我不敢相信，但是我绝对相信，被电视、电脑拐走了的小孩子，诗可领不回来。

诗的功用何在？我的期许不像雪莱的那么高超，却也不像拉尔金的那么消极。我觉得一位真正的诗人至少应该以两个使命自许，那就是：第一，保持民族的想象力；第二，保持民族的表达力。

一个民族若要产生大诗人，必须富于想象力。所谓想象，无非是洋溢的好奇与同情，借以超越有限的自我，而与万物交通。诗人的本领在于能将混沌不明的世界理出一个新秩序来，而使天南地北两不相干的事物发生有趣的关系。苏轼的《题西林壁》：“横看成岭侧成峰，远近高低各不同。不识庐山真面目，只缘身在此山中。”把变化万端而莫衷一是的山景来比拟当局者迷的困局，是用自然来解释人事，乃使山与人之间建立了新的秩序。我有一首小诗名《山中传奇》，以下列四行开始：“落日说黑蟠蟠的松树林背后/那一截断霞是他的签名/从焰红到烬紫/有效期间是黄昏。”断霞是落日的回光返照所造成，正如签名是人挥笔所造成，但是断霞横天不能持久，最多亮丽一个黄昏，正如签名支票，过期也会失效一样。这一段诗和《题西林壁》恰恰相反，用人事来解释自然，晚霞和签名无端竟发生了关系，而落日和黄昏也形成了新的秩序。

诗的诸般修辞技巧，包括明喻、隐喻、转喻、夸张、拟人、象征等，泛称比喻者，莫不出于同情的模仿，每每能于无诗处见诗，无理处得趣，终而出实入虚，物我皆泯。一个民族有诗，就表示想象力尚未衰竭，因为想象力就是将心比心、设身处地的敏感，也是一种至为广泛的同情，不仅是人道主义的那种同情，而是此身能与万物交感，寸心能通芥子与须弥。

2

但是仅有想象力，还不足以成艺术品。想象力必须落实在真正的作品上，才算功德圆满。所以有了想象力还要有充分的表现力来配合。想象力、表现力、艺术品之间的关系颇像物理学上能量转移过程的“能、力、功”。这世界上有想象力“能量”的人，不止于诗人和艺术家。诸如宗教家、哲学家、科学家，甚至革命家，都是想象力过人的。宗教家天人之际的境界，哲学家出虚入实的玄想，科学家从混沌之中建立新秩序的公式，都不仅是理性冷冰冰的探索，尚须超拔而热烈的想象。美国女诗人米蕾（Edna St. Vincent Millay）甚至写过一首十四行诗，题为《唯欧几里德见识过赤体之美》（*Euclid alone has looked on*

Beauty bore）。但是只有诗人将想象之“能”发为作品之“功”，凭借的正是他的表现力，也就是他运用语言以创造美的功力。

预言小说《一九八四》的作者奥威尔在《政治与英文》一文中指出，一国语文之健康与否能反映并影响社会之治乱，文化之盛衰，而经历专制政权之后，该国之语文必然虚伪而扭曲。反过来，我们也可以说，大作家出现之后，该国的语文必然充满弹性与活力。伟大的作品未必是文法学家乐于引证的范文，合乎文法的反而是二流之作。大作家或所谓天才，对于一国语文最大的贡献，在于身体力行，证明那种语文潜在的“能”，经妙笔运用，究竟发得出多大的“功”。就像开金矿一样，杰作能告诉我们，存量究竟有多少，而纯金有多灿烂。

且以李白为例。《宣州谢朓楼饯别校书叔云》开篇的两个长句一气呵成，十分酣畅：“弃我去者，昨日之日不可留。乱我心者，今日之日多烦忧。”以散文而言，“昨日之日”与“今日之日”，简直累赘，甚至有点不通。但以诗而言，则妙不可言，因为多了这一层转折与回旋，节奏才够气势。如果改成“弃我去者昨天不可留，乱我心者今日多烦忧”，就显得气促了。如果再缩为“昨日弃我不可留，今日乱我多烦忧”，就更驯顺了。同理，《蜀道难》里的三叠句：“蜀道之难难于上青天”，把“难”字重复一次，感叹才能强调。换了“蜀道难于上青天”，就嫌弱了。中文到了李白的手里，可说纯以神遇，全以气行了。有了李白，我们才发现中文可以这样写，方块字之“能”可以发如此之“功”。

诗人该是语言的主宰，文字的大匠，对于每一个字、每一个词，都应该了然于其形象、音质、意义、联想，知所取舍，然后把它放在最有功效的上下文中。所谓“最妥当的字眼置于最妥当的地位”，就是此意。许多作者终身只会重复使用某些字汇、某些句法，而令字汇失去活力，句法失去弹性。

大诗人则对文字极为敏感，务求发挥形、声、义最大的功效。苏轼《书韩幹牧马图》之句：“四十万匹如云烟，骓駓骃骆骊骝騵”，就在字形上也已予人万马奔腾之感。欧阳修的七绝《再至汝阴》：“黄栗留鸣桑葚美，紫樱桃熟麦风凉。朱轮昔愧无遗爱，白首重来似故乡。”句首四字：黄、紫、朱、白，巧妙用了四种色彩，成为非常鲜丽的结构，画面至为动人。白居易《琵琶行》为描写音乐的名诗，其高潮处：“轻拢慢捻抹复挑，初为《霓裳》后《六幺》。大弦嘈嘈如急雨，小弦切切如私语。嘈嘈切切错杂弹，大珠小珠落玉盘。”不但音响饱满，而且画面生动。“嘈嘈切切错杂弹”七字都是齿音。而“拢、捻、抹、挑”都是弹者的手势，再加上“急雨”“私语”“珠落玉盘”等虚拟的联想，感性真是发挥到极致。

把文字的抽象符号经营成一个有实感的世界，而能以假乱真、弄假成真，并且比真的世界更美，正是作家的本领。关键全在这些抽象符号上：文字而要升华为文学，在施者（作家）与受者（读者）之间的功用有如支票。文字果真超凡入圣，变成了文学，支票就兑现成钞票了，否则就沦为空头支票。

文字虽由抽象符号组成，但是每个作家的符号系统都有差别，越好的作家其系统应该更加多元，也就是更富于弹性，更多来源，因此在风格上更多彩多姿。英国大诗人丁尼生对文字的驾驭精确过人，奥登就说丁尼生的耳朵，“在英国诗人之中，或许最为灵敏”。丁尼生自己也说，除了 scissors 是例外，一切英文字眼他都掂得出斤两。丁尼生的诗句在音调上果然十分神奇，例如《尤利西斯》有这么一行：“远在多风的特洛伊震耳的旷野。”（Faron the ringing plains of windy Troy.）原文的谐韵与半谐韵结构简直不可翻译。又如《狄索纳司》之句：

“过了多少个长夏啊才死了天鹅。”（And after many a summer dies the swan.）原文也是一片天籁，妙处半在唇鼻之间回响的 m 与齿间漱过的 s，半在倒装句法把洪亮的主词安排到最后才开腔。这些都不是译文所能为功。学者指出，丁尼生熟读拉丁诗，尤其得力于维吉尔，读者要有拉丁文的修养，才能欣赏奥古斯都朝[①]在丁尼生诗中回荡的余韵。

拉丁文就是欧洲各国的文言，其为西方文学的泉源，有如我国的古典文学之于新文学。这就令我想到当代华文作家习用的语言了。新文学使用的语言当然是白话文，但是白话文不尽是口语，更不必完全排除文言。有一次，一位文教记者问我：“听说你很喜欢苏东坡，为什么在这个时代你还迷恋苏东坡呢？”我说：“为什么这个时代我不能喜欢苏东坡呢？你以为苏东坡死了快一千年，就跟你没有关系了吗？许多人还在说‘庐山真面目’或是‘雪泥鸿爪’，连你也会吧，只是不知道是谁的诗句罢了。”文言的许多名句辗转传了千百年，早已脱离上下文，变为成语，人人引用，多已不知出处。例如“求之不得”原本来自《诗经》，“天长地久”来自《老子》，“君子之交淡如水”来自《庄子》。今日人人出口成章，其实都是古人的余唾。要是这些成语一概不用，我们非但下笔捉襟见肘，只怕开口都不成腔调了。

我认为今日的作家在白话文的主流中，不妨偶尔酌用一点浅近的文言作为支流，以求变化，而使文笔更有弹性。只要能够“文融于白”而不沦为“文白夹杂”，这种“文言浮雕”的做法可以是风格的正数。无论在诗里还是散文里，无论在创作还是翻译，我常在有意与无心之间融文于白，久之已成一种左

① 奥古斯都朝，指罗马帝国时代。奥古斯都是罗马帝国第一位元首屋大维的称号。

右逢源的文体，自称之为“日以为常，文以应变”。这八字诀本身就是文言，若用白话来说，就变成“把白话当作常态，用文言应付变局”，比文言就啰唆多了。

文言可以济白话之不足，用简洁凝练来约束冗赘散漫，使文体免于浅滑。另一方面，真正的口语为白话文平添亲切、流畅、自然，在文体上也起浮雕的作用。我在某些诗中，因为场合需要，会全用口语来写，像《请莫在上风的地方吸烟》《今生今世》《喉核》等便是如此。在翻译王尔德的几本喜剧时，我用的也是日常的口语，只为让演员容易上口，听众容易入耳。例如在《理想丈夫》里，薛太太便有这么一段台词：“别忘了，清教在英国把你们逼成什么样子。从前呢，谁也不会假装比左邻右舍正经一点儿。其实呀，那时谁要是比左邻右舍正经一点儿，人家就觉得你十分俗气，倒像中产阶级了。现在好了，染上了现代的道德狂，人人都只好装腔作势，变得纯洁、清高，外加要命的七大美德的典范——而下场如何呢？你们全栽了，跟打保龄球一样，无一幸免。”

方言和俚语当然也可以入诗入文，例如苏格兰的彭斯就以方言写作而成为大诗人，同时又享誉英国诗坛。不过彭斯应是例外，因为爱尔兰的高尔德斯密斯、莫尔（Thomas Moore）、王尔德、叶芝，甚至乔伊斯都是用英文写诗的。我曾以闽南话“郁卒”“啥米碗锅”入诗，以粤语“靓仔”“叻仔”入文。川语“二娃子”曾入我诗题，闽南话“火金姑”也成了我写萤火虫一诗的题目。“火金姑”真是很美的名字：火言其光，金言其色，而姑，是因为萤火虫放光的是雌性。闽南话的“金急雨”也很美，我一直有意为它写一首诗，尚未能交卷。前举欧阳修的七绝《再至汝阴》里的“黄栗留”，就是黄莺，很可能也就是当时的方言，说不定就是“黄利流”，流利的意思吧。

至于以外语入诗，民国初年的新诗人如郭沫若、徐志摩、李金发等都是显例。在西方更是常见，英国诗人最常引用拉丁文；到了现代，像庞德、艾略特等更同时引用好几种外语，实在太过驳杂，不足为训。我在散文里偶尔会引进外语，但在诗中则绝少。在作品里偶引外语，只要上下衔接得妥当，也不足为病，如果常用，或大段引录，就失之饾饤或者炫学了。

诗人对于自己民族语言的贡献，在我看来，一是保持民族生动活泼的想象力，二是保持语言新鲜独创的表现力。反而言之，一位诗人如果对生命不再好奇、同情，则想象力必然衰退；如果对语言失去弹性与活力，则表现力必然萎缩。那现象，就是江郎才尽了。

3

文学之为艺术，尤其是诗之为艺术，与其他艺术的欣赏有一大差别：那就是，其他艺术不需要翻译，而文学需要。文学乃语言之艺术，所以是“民族的”，所以有“文字障”，需要翻译。绘画、雕塑、建筑，当然有目共睹，无须译者帮忙。音乐呢？也是有耳共聆；也许作曲家需要演奏家来“翻译”，但好的“译文”，无论是现场演奏还是录制成带成碟，都已不少，听来也“差不多”。哪像文学作品，隔了语障就需要翻译，许多好作品，尤其是诗，都颇难译。许多名言佳句根本“译不过来”。弗洛斯特就说：诗便是在翻译之中失去的那样东西。所以诺贝尔文学奖本来就是不公平的比赛，因为西方的作家只要把母语写好就有知音，而东方作家却得戴起译文的面具去参加选美。诺贝尔文学奖其实只能算西方文学奖，绝非世界文学奖。

创作与翻译其实也绝非反义词，因为创作原则上也是一种翻译，而翻译也可以说是有限度的创作。

简而言之，创作的过程是将作者对生命的感悟（姑且称为经验）译成明确的文字。读者欣赏那作品的过程则恰恰相反，是将文字还原为作家的经验。批评家要做的，是研究那样的文字是否能够表现那样的经验。译者的任务却又不同，一方面他要应付原文，一方面还得透过原文去揣摩原作者真正的经验。

创作虽可视为一种翻译，当然与真正的翻译还是有异。翻译有面目明确的原文可以着手，创作所要表现的经验却未经澄清，有待沉淀。作者创作的过程，从游移到凝定，从混沌到清明，历经选择、修正、重组，是边译边改，一直要到译完始见真相，原文的真相。创作与翻译颇有相通之处，选择便是其一。例如你要形容一位佳人，究竟她是妩媚呢、明艳呢，还是亮丽，应知取舍。同理，原文如说 She is an elegant lady。你在许多同义词里，例如高雅、优美、秀气、斯文，究竟该用哪一个呢？下笔时还有选择的余地，就有点创作的意味了。选择也不限于遣词用字，还可以施之于安排次序。在英文诗里常见倒装句法，但在英文的散文里，却以“顺句”为多。那些顺句若要译成中文，反而多应改成“逆句”，才不至于冗长乏力。例如王尔德的喜剧《不可儿戏》有这么几句：

> I do not think that even I could produce any effect on a character that according to his own brother's admission is irretrievably weak and vacillating. Indeed 1 am not sure that I would desire to reclaim his. I am not in favor of this modem mania for turning bad people into goodpeople at a moment's notice. As a man sows so let him reap.

这是第二幕开头家庭教师劳小姐对西西丽说的话，我的译文是：

他自己的哥哥都承认他性格懦弱，意志动摇，到了不可救药的地步；对这种人，我看连我也起不了什么作用。老实说，我也不怎么想要挽救他。一声通知，就要把坏蛋变成好人，现代人的这种狂热我也不赞成。恶嘛，当然应有恶报。

这一段共有四句话，第一、第三两句较长，而且都是顺句，但在译文里如果要保住那顺势而不逆译，势必冗长乏力。

我先把长句拆散，再加倒装，不但更像中文，而且踏实有力，这便是句法上可以取舍的自由。用字（diction）与造句（syntax）都还有取舍的余地，不能不说是一种自主、自由。其实，我在中译《凡·高传》《不可儿戏》《录事巴托比》时，的确享有在约束中仍能酌量发挥自我风格的乐趣。

创作与翻译是会互相影响的。译文受原文影响，是天经地义。但在翻译的“海变”（seachange）之中，由于译者自身的性格、风格、功力的关系，译文也会回过头去，影响原文，赋原文以特殊的风貌。所以原文在译文中脱胎换骨、整容化妆的结果，不但取决于“受语”（target language）的民族性，而且受惠于（或受害于）译者的个性。例如蒲柏自诩英译的荷马史诗《伊利昂记》，采用18世纪流行的“英雄式偶句”来应对希腊史诗每行六音步、每音步一长二短的“三指节”（dactylic verse），把古代的英雄驯为当代的绅士，遂招来当代希腊著名学者本特利之讥：“诗是好诗，却充不得荷马。”

民国初年，拜伦的《哀希腊》鼓舞了多少爱国志士，一时遂出现多种中译：苏曼殊用五言古体，马君武用七言古体，而胡适用歌哭慷慨的骚体。苏曼殊的译文受五言所限，不足以尽拜伦吊古伤今之情。还是七言古诗的曼吟与骚体的一唱三叹更为接近，尤其是骚体，比胡适的白话诗动人多了。

至于林纾所译西洋名著，多用浅近的清丽文言，也曾风行一时。钱锺书好用文言意译西方典籍，下笔圆融婉转，胜过一般白话中译。他甚至认为，林纾所译的《块肉余生记》比狄更斯的原著更高明。我无意在此无条件地提倡“意译”，但是在读了无数白话的硬译、冗译、劣译之余，有时不免悠然怀古，回忆我在高中时代耽读林纾所译的《茶花女轶事》，惊艳之情，留芳至今。

所以在此我要提出一个观念：翻译外国作品，谁也不能规定非用白话不可。译界原有共识：每个时代都应以当时的语言来译古典名著。因此莎剧的译本应时时更新，多多益善。林纾既能用文言来译一百年前的小说，则四百年前的诗剧为什么一定不能用文言来翻？不过演员说台词，毕竟无法径用文言。可是诗与散文呢？培根的小品文距今也已四百年，古远与徐霞客相当，为什么一定不能以文言面貌来会今人呢？其实大陆的译家王佐良早已如此做了，至于严复就更早了。

我在前文曾提到自己，无论在创作或翻译之中，常常奉行八字诀的原则，那就是：“白以为常，文以应变。”即使撰写论文，遇到需要引述经典名句，若径用白话译出，总不如文言那么简练浑成、一言九鼎，《神曲》地狱篇第三章开始，地狱门首石刻的戒词 Abandon all hope, Ye who enter here（齐亚地英译）若用白话来译，例如“进来的人，放弃一切希望吧”，就显得单薄无力。但是若用文言来译，例如“入此门者，莫存幸念”，就显得厚重坚强，不容摇撼。我并非要用文言来取代白话，因为那绝无可能，也非上策。我只是认为，在译文中有时可以用文言来调剂或加强白话。如果是一首短诗，而语气又老练而精简，我会抛开白话，乞援于文言：叶芝的《华衣》（*A Caot*）乃一显例。庞德的《罪过》（An Immorality）就更短了：

罪过

Sing we for love and idleness,	且歌吟爱情与懒散，
Naught else is worth the having.	此外皆何足保持。
Though I have been in many a land.	纵然亦游遍多少异邦，
There is naught else in living.	人生无其他乐事。
And I would rather have my sweet,	宁愿守住自身之情人，
Though rose-leaves die of grieving,	纵蔷薇悲伤而死，
Than do high deeds in Hungary.	也不愿立大功于匈牙利，
To pass all men's believing.	令众人惊异不置。

有时因为原作主题有异，语言粗豪，译文就必须改用率真的口语。例如杰弗斯的《野猪之歌》（*The Stars Go overthe lonely Ocean*）的末段，中译时就不能不"讲粗口"了：

"Keep Clear of the dupes dial that talk democracy	"管他什么高谈民主的笨蛋，
And the dogs that bark revolution,	什么狂吠革命的恶狗，
Drunk with talk, liars and believers.	谈昏了头啦，这些骗子和信徒
I believe in my tusks.	我只信自己的长牙。
Long live freedom and damn the ideologies."	自由万岁，他娘的意识形态。"
Said the gamey black-maned wild boar	黑鬃的野猪真有种，他这么说，
Tusking the turf on Mal	一面用长牙挑毛巴索山的草皮。
Paso Mountain.	

我在翻译散文时，视场合需要，也偶或会用文言来“应变”。在《龚自珍与雪莱》的长篇论文中，为了说明雪莱也关心政治现实与欧洲形势，并非安诺德所谓的“美丽而无用的天使，徒然在虚空里扑动耀眼的双翼”，我有意用《战国策》的文体译出雪莱在诗剧《希腊》的序言里所发的一段议论：

Russia desires lo possess, not to liberate Greece and is contented to see the Turks, its natural enemies, and the Greeks, its intended slaves. Enfeeble each other until one or both fall into its net.The wise and generous policy of England would have consisted in establishing the independence of Greece, and in maintaining it against Russia and the Turks.

夫俄罗斯之图希腊也，在并吞其国，非解救其民也。土耳其，俄罗斯先天之宿敌；希腊，俄罗斯欲番之驯奴。俄罗斯之所快，莫如二邻之互斗俱伤，以擒其一，或并而吞之。为英国计，智仁兼顾之道，莫如立自主之希腊，扶其抗俄而御土。

雪莱每逢诗兴不振，为保诗艺不至于荒废，就转而译诗，曾将《神曲》英译了五十一行，诗体则悉依但丁原文“三行连锁体”（terzarima）的格式。就凭了这么严格的译诗试验，他日后竟写出了同一格式的《西风歌》及五百多行的《生之凯旋》。

足见作家而兼译者，其译笔也会反过来影响创作，无论在题材、文体还是句法上都带来新意、新技。所谓翻译，原就是换一种语言来传原意，步武既久，濡染成习，自然熟能生巧，转化成自身的血肉。翻译有如临帖，王羲之的一勾一画久之终会变成临者的身段步伐。偶尔福至心灵，纯以神遇，又像扶乩。我译过的英文作品里有诗、有散文、有小说、有戏剧，也有评论；其中诗译得最多，包括自英译再转译的土耳其诗六十多首，总数在三百首以上。所译作品文类不同，而同一文类之中，例如诗吧，也有各式各样的体裁，从严谨的格律诗与伸缩多变的无韵体到奔放不羁的自由诗，种种挑战都接过招。那考验，犹如用西洋的武器，与西洋的武士历经对阵比武，总能练得一招半式吧。虽然不可能每次都打成平手，但是迄今也还没有阵亡，有时候，竟然还会小赢一次，帅吧！

有一次在国际研讨会上，我报告自己翻译王尔德喜剧的经验，说唯美大师才高手巧，最爱卖弄文字游戏，常教译者“望洋兴叹”，难以接招。“不过呢，”我说，“有时碰巧，我的译文也会胜过他的原文。”各国学者吃了一惊，一起放下茶杯，静待下文。我说：“有些修辞绝技，例如对仗，英文根本不是中文对手。这种场合，原文不如译文，并非王尔德不如我，而是他手里的兵器比不上我的兵器。”

接下来我举证的例子，出在《不可儿戏》的第二幕。劳小姐气蔡牧师还不向她求婚，恨恨然对他说：“You should get married. A misnthrope I can understand——a womanthrope, never!”劳小姐情急嘴快，把 misogynist（恨女人者）说成了 womanthrope，但妙在与前文的 misanthrope（厌世者）同一语尾，格式未破，尽管不通，却很难译。如果我避重就轻，只译成“一个厌世者我可以理解——一个厌女者，绝不！”也就勉强打发，可是如此直译不但生硬，更且难懂。我是这样变通的：“一个人恨人类而要独善其身，我可以理解——一个人恨女人而要独抱其身，就完全莫名其妙！”中文说男人不娶是“抱独身主义”，稍加扭曲就成了“独抱其身”，不但与“独善其身”句法呼应，而且有“不抱女人”与“自恋”的暗示，实在比王尔德高明得多。

但愿文学创作能长保民族心灵的想象力、促进民族语言的表现力，而文学翻译能引进外族的想象力与表现力，来启发本族的文学，并促进各民族之间的了解。作家而兼为译者，则双管齐下，不但彼此输血，左右逢源，亦当能事半而功倍。

2000 年 11 月 5 日

余光中
Kwang-Chung Yu

后面的话①

翻译久有意译直译之说。对于一位有经验的译者而言，这种区别是没有意义的。一首诗，无论多么奥秘，也不能自绝于“意义”。“达”（intelligibility）仍然是翻译的重大目标；意译自有其存在的理由。然而文学作品不能遗形式而求抽象的内容，此点，诗较散文为尤然。因此所谓直译，在照应原文形式的情形下，也就成为必须。在可能的情形下，我曾努力保持原文的形式：诸如韵脚、句法、顿（caesura）的位置，语言俚雅的程度等，皆尽量比照原文。“英美现代诗选”可以让不谙英文的读者从而接触英美的现代诗，并约略认识某些作品，也可以供能阅读原文的读者作一般性的参考，并与原诗对照研读，增进了解。无论在何种情形下，希望读者都不要忘记，翻译原是一件不得已的代用品，决不等于原作本身。这样，译者的罪过也许可以稍稍减轻。

① 节选自《天真的歌·译者序》。